아름다운재단 | 나눔북스

"모두가 함께하는 나눔과 순환의
아름다운 세상 만들기"
(재)아름다운가게와 아름다운재단
나눔북스가 함께 만들어 갑니다.

이 책은 (재)아름다운가게에서
'아름다운가게 책방' 운영 수익금으로
조성한 기금을 아름다운재단에
기부하여 출판되었습니다.

아름다운재단 | 나눔북스

미래를 모금하라

웹3.0시대, 블록체인·암호화폐·NFT를 활용한
혁신적 모금 방법

아름다운 북

아름다운재단 나눔북스 20

미래를 모금하라
웹3.0시대, 블록체인·암호화폐·NFT를 활용한 혁신적 모금 방법

2025년 2월 28일 발행
2025년 2월 28일 1쇄

지은이	이현승·장윤주 (아름다운재단)
발행자	한찬희
발행처	아름다운북
주소	03035 서울특별시 종로구 자하문로19길 6
전화	(02) 766-1004(代)
등록	제2006-000150호(2006.10.25)
홈페이지	http://research.beautifulfund.org
전자우편	research@bf.or.kr
책임편집	신성규
북디자인	디엔에이디자인
제작	해든디앤피

ISBN 978-89-93842-73-9
ISBN 978-89-93842-69-2 (세트)

책값은 뒤표지에 있습니다.

아름다운재단 나눔북스 20

미래를 모금하라

웹3.0시대, 블록체인·암호화폐·NFT를 활용한 혁신적 모금 방법

이현승·장윤주(아름다운재단) 지음

아름다운북

들어가며

　모금을 하다 보면 다양한 종류의 자산을 접하게 된다. 현금을 기부받는 경우가 가장 흔하지만, 비현금성 자산을 기부받는 경우도 드물지 않다. 더 이상 사용하지 않은 크고 작은 물품, 가전, 유명 예술 작품을 기부받기도 한다. 나아가 건물 같은 부동산, 주식 같은 것도 받는다. 이런 비현금성 자산들은 기부를 받는 과정이 다소 복잡하기는 해도, 익숙한 것들이다.

　그런데 기부받는 자산으로 비트코인^{Bitcoin} 같은 가상자산이 등장했다. 가상자산은 기부를 받으면 어떻게 처리해야 할지는 물론 모금 활동을 어떻게 해야 할지도 모르다 보니 모금 담당자에게 두려운 존재로 다가왔다.

　당혹스러운 것은 국제개발NGO들은 사회 문제 해결을 돕는 일에 가상자산을 활용하기 위해 크립토 자산가들이나 블록체인 기술을 보유한 기업들로부터 거액의 가상자산을 기부받고 있다는 소식이 꾸준히 들려오고 있는 점이다. 뿐만 아니라 이들은 기후 위기 및 재난, 재해, 우크라이나 전쟁 속 피해자를 돕기 위해 다양한 인도적 지원 상황에서 적극적인 암호화폐^{cryptocurrency} 모금 활동을 펼쳐 암호화폐 가치가 점점 부각되었다. 이와 같이 해외에서 가상자산 기부가 활성화됨에 따라 국내에서도 2021년부터 가상자산 기부 사례가 적잖이 보이기 시작했다. 20년 동안 비영리 단체에서 모금가이자 모금 부서장으로 활동해 온 필자는 가상자산이라는 새로운 재원이 출현한 것에 희열감을 느끼는 한편으로 호기심이 발동했다. 가상자산이 도대체 뭐지? 어떻게 기부받을 수 있을까? 크립토 자산가들은 어디에 있을까? 기부 속성에 있어 그들과 전통적 자산 기부자들의 차이점은 무엇일까?

가상자산의 가치가 급상승한 2021년 말부터 많은 비영리 단체가 가상자산 모금 도입 여부를 분주하게 검토하였으나 머뭇거리며 고민하기만 하였다. 그러는 동안 이듬해에 **테라 루나 사태**가 터졌다. 이후 가상자산의 가치는 하락세로 돌아섰고, 미디어를 통해 부정적인 기사들이 쏟아졌다. 대다수 비영리 단체는 가상자산 가격 추이와 사회적 반응을 수동적으로 관망하게 되었고, 이미 준비를 마친 몇몇 비영리 단체조차 본격적인 가상자산 모금 마케팅 활동을 하지 못했다. 필자가 세이브더칠드런 근무 당시 가상자산 모금 전략을 수립할 때도 암호화폐의 급격한 변동성을 보며 이런 비이성적인 자산의 가치를 두고 어떻게 모금 전략을 수립해야 할지 난감했다. 하지만 조직의 장기적인 전략 과제 속에서 새로운 모금의 기회를 놓칠 수 없었고, 세계 각국 정부가 자국의 법정 통화를 디지털 화폐로 바꾸는 정책을 선언하는 전통적 자산의 진화를 간과할 수 없었다.

이 책은 돈의 진화 과정 속에서 그 새로운 흐름을 더듬으며 헤맸던 모금가가 쓴 **가산자산 모금을 위한 지침서**라 해두겠다. 블록체인이라는 새로운 기술을 잘 알고 있어야 한다는 착각, 암호화폐 투자 전문가여야만 모금을 잘 해낼 거라는 두려움, 누구보다 이 정도는 내가 더 잘 안다는 생각을 내려놓고 쓴 책이다.

1부에서는 블록체인 탄생 기반이 된 철학과 비영리 정신의 유사성을 정리하였고, 가상자산의 시대적 등장 배경과 한국의 가상자산 시장을 소개하며 독자들의 이해를 돕고자 했다. 2부와 3부는 블록체인의 철학 및 입문, 가상자산 공익적 활용 사례 등으로 구성되었고, 4부와 5부는 가상자산 모금을 실제 수행하려면 비영리 단체와 모금가들이 어떻게 준비하여 시작할지 최대한 구체적인 방법을 제시했으며 블록체인 기술을 비영리 단체의 사업에 활용하는 사례를 소개하였다. 마지막 6부에서는 비영리 단체와 모금가들이 블록체인 뿐만 아니라 기술 기반 솔루션을 통해 사회 문제를 혁신적으로 해결하려는 열린 태도와 마인드셋을 갖기를 제안했다. 1~3부는 연구에 강점이 있는 장윤주 저자가, 4~6부는 비영리 조직에서 개인 및 기업 모금뿐만 아니라 가상자산을 활용한 모금 전략을 총괄했던 이현승 저자가 각각 집필하였다.

언제나 새로운 일에는 두려움과 넘어야 할 산들이 많다. 모금을 하면서 가상자산만큼 논란이 많았던 자산이 있었던가 싶다. 하지만 현재 모금 시장의 성장이 정체되는 반면 모금 마케팅 예산을 늘리는 데 한계가 존재하는 가운데 대형 단체와 중소형 단체 간 모금 격차는 더 커지고 있다. 또한 비영리 단체 외에 새로운 기술을 보유한 이니셔티브들이 등장하고 있으며 대규모 자본을 보유한 기업들은 사회 문제를 해결하는 동시에 신사업 기회를 확장하기 위해 개도국 및 이머징 마켓에 과감히 뛰어들고 있다. 나는 비영리 단체의 활동들이 점점 플랫폼 위에 놓인 하나의 콘텐츠 역할로만 좁혀질지 모른다는 위기감을 느끼며, 자산이 어떻게 진화하여 그 흐름이 어디로 모이는지 알아가는 것은 어쩌면 모금가들의 숙명이자 비영리 단체의 과제라 말하고 싶다.

가상자산 모금 준비를 망설이거나 새로운 기회를 앞에 두고 내부 설득에 주저하는 비영리 활동가와 모금가들에게 이 책이 지침서로서 조금이나마 도움이 되기를 바란다. 모금에 대한 부담과 압박 등에도 불구하고 꾸준히 조직의 미션을 수행하려 노력하는 비영리 단체와 활동가들의 갖은 행동에 경의를 표하며 함께 이타적인 성취감을 누리고자 한다.

2025년 1월
이현승 씀

목차

들어가며 : : 4

제1부 블록체인의 철학과 비영리 정신 : : 장윤주

1장. "암호화폐를 기부받을 수 있나요?" : : 15
  암호화폐를 기부받은 김대리
  한국의 암호화폐 시장
  암호화폐와 기부의 흐름

2장. 사이퍼펑크에서 비트코인까지 : : 21
  1980년대: 크립토 아나키스트 선언
  1990년대: 인터넷의 시작
  2000년대: 글로벌 금융 위기와 블록체인
  2010년대 이후: 이더리움과 비탈릭 부테린의 비전

제2부 블록체인 입문 : : 장윤주

3장. 웹 3.0 : : 31
  웹 1.0: 읽기의 시대
  웹 2.0: 참여와 공유의 시대
  웹 3.0: 의미와 연결, 그리고 소유의 시대

4장. 블록체인, 암호화폐, 그리고 NFT : : 37
  블록체인
  암호화폐
  NFT

제3부   블록체인과 가상자산의 공익적 활용 ::장윤주

5장. 혁신 기술을 접목한 솔루션 ::49
우크라이나 전쟁 긴급 구호
난민 캠프 지원

6장. 포용 금융 ::53
결제와 송금
P2P 금융과 소액 대출

7장. 기부 플랫폼 ::57
기빙블록
비트기브

8장. 사회투자 유치 ::61
크립토 펀드
크립토 포 굿

9장. 비영리와 미래 신기술 ::65
쿰웨 허브 프로젝트
블록체인 기반 아동 노동 근절
해산물 공급망 투명성 혁신

제4부   가상자산과 FUD ::이현승

10장. 가상자산에 대한 두려움 ::76
암호화폐와 FUD
FUD의 종류
FUD 해소 방법: DYORF
DYORF 적용해 보기

제5부 　 가상자산 모금 도입 실무 :: 이현승

11장. 시작하기 :: 87
　　　　조직의 명분 만들기
　　　　조직의 역량 평가하기
　　　　조직의 미션과 가치에 맞게 조율하기
　　　　전략적 우선순위 이해
　　　　경영진 지원 확보
　　　　암호화폐 워킹 그룹 구성하기

12장. 워킹 그룹 실무 준비하기 :: 99
　　　　준비 1: 조직의 질문에 대비하기
　　　　준비 2: 질문의 답변 톺아보기
　　　　준비 3: 가상자산 시장 조사와 학습하기
　　　　준비 4: 가상자산 기부 수용을 위한 가이드라인 마련하기
　　　　준비 4-1: 가상자산 회계 지침 마련하기
　　　　준비 4-2: NFT 후원 접수 기준 마련하기
　　　　준비 5: 가상자산 모금 프레임워크 수립하기
　　　　준비 6: 가상자산 모금 전략 수립하기

13장. 조직 내부의 암호화폐 기부 시스템 구축 :: 121
　　　　이제, 시작해볼까!
　　　　모델 1: 기부자가 현금화한 암호화폐를 기부 받기
　　　　모델 2: 전용 플랫폼 활용하기
　　　　모델 3: 암호화폐를 직접 기부받기

14장. 가상자산 모금의 외부 확장성 :: 129
　　　　크립토 커뮤니티
　　　　크립토 펀드레이징
　　　　크립토 캠페인

제6부   블록체인 기술과 비영리의 미래 : : 이현승

15장. 새로움을 선도하는 열린 태도 : : 145

　　　　새로운 모금 방법

　　　　관점의 전환 그리고 기회 탐색

　　　　기술기반 임팩트 증대와 투자 확대

　　　　그래서, 모금의 미래를 위해 행동하다

　　　　요약과 결론

그림1. 웹의 진화: Web1.0에서 Web3.0까지의 발전 과정 : : 31
그림2. 가상자산, 가상화폐, 암호화폐, 코인, 토큰의 이해 : : 42
그림3. 블록체인 기술을 탑재한 난민 캠프 내 슈퍼마켓 : : 52
그림4. 쿰웨 허브 프로젝트 페이지 : : 67
그림5. 블록체인 기반 아동 노동 근절 시스템 개념도 : : 68
그림6. 가상자산 모금 실행 로드맵 : : 116
그림7. 금융위원회 금융정보분석원 홈페이지 : : 127
그림8. 호들호프 캠페인 페이지 : : 138
그림9. 낫 유어 브로 NFT : : 139

표1. 암호화폐의 분류 방식과 대표 사례 : : 18
표2. Web 1.0, 2.0, 3.0 비교 : : 35
표3. 기부 모델별 장단점 : : 128
표4. 주요 단체가 이용하는 기부 결제 시스템 : : 132
표5. 가상자산 모금 프로그램 마케팅 해시태그 예시 : : 134

제1부

블록체인의 철학과 비영리 정신

1장
"암호화폐를 기부받을 수 있나요?"

암호화폐를 기부받은 김대리

새해 첫 출근 날의 문의 전화였다. 나는 아름다운재단 기부문화연구소를 운영하는 연구사업팀에서 7년차 연구원이자 매니저로 일하고 있었다. 연구소에서는 우리나라 사람들이 기부를 얼마나·누가·왜 하는지, 아시아나 전 세계와 비교해서는 어떠한지, 왜 사람보다 동물을 돕는 것을 더 좋아하는지 등등 기부, 공익 활동, 비영리 조직을 연구 주제로 두루 다루고 있다.

그러다 보니 기부를 받는 담당자가 스스로 해결하기 어려운 문제를 질문하는 경우가 있다.

"영어 학원에서 수강권을 기부해 준다는데 이런 것도 기부금 영수증을 발급할 수 있나요?"

"아는 분이 옷 가게를 폐업해서 기증하신다는데 금액을 어떤 기준으로 해야 하나요?"

이 날도 그런 날이다.

"안녕하세요, 저는 0000에서 모금을 담당하고 있는 김대리인데요. 혹시 암호화폐를 기부 받을 수 있나요?"

"네? 글쎄요…."

암호화폐도 주식을 기부받을 때와 유사하게 처리하면 기부받을 수 있지 않을까? 암호화폐 기부를 처리한 다른 사례가 있는지 궁금해졌다. 그리고는 이 질문에 답하기 위해 자료를 검색하고, 알 만한 곳에 전화를 걸어 물어보고, 미팅을 했다. 때는 2021년으로 코인 투자 광풍이 불고 있었던 반면 이를 기부받은 사례는 너무 드물어 당황스러웠다. 기부자가 암호화폐를 현금으로 바꾸어 기부한 사례는 몇몇 있었으나 암호화폐 자체를 기부한 사례는 겨우 하나였다.

한국의 암호화폐 시장

한국의 암호화폐 시장은 비트코인이 등장한 2009년 이후로 꾸준히 성장해 왔다. 특히 2017년에는 비트코인의 가격이 급등하면서 미디어와 투자자의 주목을 받았다. 2018년 1월에는 당시 한국 최고의 앵커인 손석희가 진행하는 〈뉴스룸〉에 유시민 작가와 정재승 교수가 토론자로 출연해 비트코인이 신세계인지 신기루인지에 관한 뜨거운 논쟁을 벌였다.

한국의 암호화폐 시장에는 몇 가지 변곡점이 있었다. 그 중 하나는

2014년에 발생한 **마운트 곡스**^Mt. Gox 사태다. 마운트 곡스는 당시 최대 규모의 암호화폐 거래소였으나, 85만 비트코인(BTC)을 도난당해 파산했다. 이로 인해 비트코인의 가격은 50% 폭락했고 한국의 암호화폐 투자자들도 큰 손실을 입었다.

또 다른 변곡점은 2017의 **암호화폐 공개**^ICO: initial coin offering 열풍이다. ICO는 새로운 암호화폐를 발행하기 위해 투자자들로부터 자금을 모으는 것을 말한다. **이더리움**^Ethereum, **네오**^Neo, **이오스**^EOS를 비롯한 수많은 암호화폐가 ICO 시장에 등장했고 한국 투자자들도 이에 참여했다. 그러나 ICO 대부분은 사기나 실패로 끝나 정부는 ICO를 금지하는 조치를 내렸다. ICO는 초기에 일종의 계획서라 할 수 있는 백서를 기반으로 투자를 유치하는 방식이라 투자자 보호 문제가 발생하였다. 이후 **토큰증권 발행**^STO: security token offering 방식으로 변경되었다. **토큰증권**은 주식이나 건물 같은 실제 자산을 블록체인 기술로 디지털 토큰화해서 거래하는 것이다. 일반 코인과 달리 실물 자산이 있고 정부 규제를 받아 더 안전하면 적은 금액으로 부동산이나 주식에 투자할 수 있다는 장점이 있다.

2020년에는 비트코인이 사상 최고가를 경신하였고 2021년에는 이더리움이나 **도지코인**^Dogecoin과 같이 비트코인 이외의 암호화폐를 통칭하는 알트코인의 가격 또한 크게 상승했다. 또한 탈중앙화 금융을 뜻하는 **디파이**^DeFi: decentralized finance나 **대체 불가능 토큰**^NFT: non-fungible token 같은 혁신도 등장했다. 2022년에 암호화폐 시장에 큰 충격을 준 사건이 있었다. **테라 루나 사태**다. 테라와 루나는 한국인이 만든 암호화폐로 전 세계에서 인기를 끌었고 시가 총액이 수조 원에 달했으나 갑자기 가격이 폭락하면서 0원이 된 것이다. 이 사태로 투자자들은 수천억 원의 손실을 입었고, 회사의 대표와 이사들은 사기 혐의로 체포되었다.

2024년 1월에는 미국 증권거래위원회(SEC: Securities Exchange Committee)가 비트코인 현물 상장지수펀드(ETF: exchange-traded fund)의 상장을 승인했다. 비트코인 현물 ETF는 비트코인을 직접 구매하는 펀드이다. 이는 비트코인이 금융 시장에서 인정받았으며, 더 많은 사람들이 비트코인에 투자할 수 있게 되었다는 의미이기도 하다. 2024년 2분기에는 국민연금이 세계에서 비트코인을 가장 많이 보유한 회사인 **마이크로스트래티지**의 주식을 매입하는 방법으로 비트코인에 투자하기도 했다.

표1. 암호화폐의 분류 방식과 대표 사례

분류	유형	특징	대표 사례
안정성	스테이블 코인	-법정화폐/자산 담보 -가격 변동성 최소화	테더(USDT), USDC, DAI, BUSD
	변동성 코인	-시장 수요/공급에 따른 가격 변동 -높은 가격 변동성	비트코인(BTC), 이더리움(ETH), 리플(XRP)
발행방식	ICO	-초기 코인 공개 -백서 기반 투자 유치	이더리움, EOS
	STO	-토큰증권 발행 -실물자산 기반	tZERO, Polymath
	IEO	-거래소 통한 공개 -거래소 심사 진행	바이낸스 런치패드 프로젝트
기술구조	코인	독립 블록체인 보유	비트코인, 이더리움, 솔라나, 카르다노
	토큰	기존 블록체인 기반	USDT(ERC-20), SHIB(ERC-20), UNI
용도기준	지불용	거래 및 송금	비트코인, 라이트코인(LTC), 리플
	플랫폼	스마트계약	이더리움, 바이낸스코인(BNB), 폴카닷(DOT)
	유틸리티	특정 서비스 이용	체인링크(LINK), 필네트워크(FIL)
	거버넌스	의사결정 참여	유니스왑(UNI), 컴파운드(COMP)
	프라이버시	익명성 강화	모네로(XMR), 대시(DASH), Z캐시(ZEC)

암호화폐와 기부의 흐름

2014년에 사단법인 피난처가 비트코인을 기부받은 것이 국내 첫 암호화폐 기부 사례라고 알려져 있지만, 암호화폐 기부에 대한 관심이 본격적으로 시작된 것는 암호화폐 투자 열풍이 일던 2018년부터이다. 당시 블록체인 기술을 이용하여 기부 플랫폼을 오픈하거나 온실가스 감축 노력을 촉진하는 프로젝트가 언론을 통해 소개되었다. 위·변조가 불가능한 블록체인 기술의 장점을 살려 선거 공약을 저장하거나 지역화폐를 발행하는 시도도 있었다. 카카오의 블록체인 기술 계열사 **그라운드X**는 굿네이버스, 행복나눔재단, 프리즈밍, 아름다운재단, 니핏과 함께 **블록체인을 통한 기부 문화 개선**이라는 실험적인 프로젝트를 진행하기도 했다. 하지만 아쉽게도 이 당시의 시도가 현재까지 지속되고 있지는 않다.

   암호화폐를 기부받은 사례는 비트코인이 최고가를 경신한 2020년에 본격적으로 나타나기 시작했다. 푸르메재단, 전국재해구호협회, 환경재단 등이 암호화폐 거래소나 관련 기업으로부터 현금화한 암호화폐를 기부받았다. (엄밀히 말하면 현금화가 아니라 '원화나 달러 등 법정 화폐로 전환'이 정확한 표현이겠으나, 여기서는 현금화라고 하겠다.) 현금화하지 않고 암호화폐를 처음으로 직접 기부받은 곳은 사회복지공동모금회 서울지회로, 2021년 4월 한 암호화폐 거래소에서 **전자 지갑**^{wallet}을 개설하였고, 이 지갑으로 1억 원 상당의 비트코인을 기부받은 후 즉시 현금화했다. 코로나19 팬데믹 동안에 암호화폐를 기부하면 NFT 증명서를 발행하는 **메타버스**$_{metaverse}$ **공익 캠페인** 행사도 생겨났다. 블록체인 기반 모금 플랫폼도 다시 등장했는데, 2020년 오픈한 **체리 기부 플랫폼**은 현재까지 398개의 단체와 2,142건의 캠페인을 통해 약 148억 원을 모금하였다.

우크라이나 전쟁, 튀르키예 지진 피해의 복구를 도운 사례도 있다. 암호화폐 거래소를 운영하는 두나무는 2022년에 당사 거래소인 업비트 회원을 대상으로 캠페인을 진행하여 902명으로부터 1억 6천만 원 상당의 암호화폐를 모금했다. 여기에 기업 기부금까지 더해 총 10억 원을 유엔세계식량계획WFP: World Food Program을 통해 우크라이나 긴급 구호 활동에 기부했다. 그리고 2023년에는 같은 방식으로 유니세프 한국위원회를 통해 튀르키예 지진 피해 회복에 14BTC, 약 4억 4천만 원을 기부하였다.

블록체인이나 암호화폐 관련 기업은 기술과 가상자산이 공익적으로 활용되기를 기대하여 비영리 단체와 적극적으로 협력하기를 원하나, 비영리 단체는 아직 충분한 학습과 준비가 되어 있지 않은 불균형을 보이고 있다. 비영리 단체가 암호화폐 모금을 꺼리는 이유는 우선 관련 법규정의 모호함으로 인한 기관의 리스크를 걱정하기 때문이다. 또한 암호화폐를 투자자산이 아닌 투기 수단으로 보는 세간의 인식 때문에 기관의 이미지가 실추되지 않을까 하는 우려도 있다. 나아가 이를 윤리 문제와 연결시키기도 한다. 그러나 암호화폐 시장의 호황과 재난 상황이 만나면 기부자들이 더 여유로운 마음으로 나눔에 동참하는 상황이나, 사람들이 보유한 자산 중 현금성 자산보다 비현금성 자산의 비중이 훨씬 높은 점을 고려하면, 지금은 비영리 단체가 암호화폐 모금을 적극적으로 고려해야 할 시점이다.

2장

사이퍼펑크에서 비트코인까지

비트코인과 같은 암호화폐의 자산 가치와 투자에 많은 정보와 관심을 가지지만 정작 어떤 이유로 이런 신기술이 발전하게 되었는지는 잘 알려지지 않았다. 앞서 한국의 암호화폐 시장을 살펴보았는데, 이번에는 암호화폐를 등장시킨 원천 기술인 블록체인과 웹 3.0이 과거 어떤 시대적 조건 또는 요구에 따라 등장하고 발전했는지 1980년대, 1990년대, 2000년대, 2010년 이후로 나누어 살펴보겠다.

1980년대: 크립토 아나키스트 선언

1980년대는 컴퓨터와 통신 기술이 급속히 발전하면서 정보의 양과 흐름이 증가한 시기였다. 이로 인해 정부나 기업이 개인의 정보를 쉽게 수집하고 통제할 수 있는 환경이 조성되었다. 1940년대 말에 조지 오웰이 쓴 소설 〈1984〉는 초강대 국가에서 빅브라더라고 하는 정부의 수

장이 개인의 프라이버시와 자유를 침해하는 미래 사회를 그리고 있다. 조지 오웰의 예언이었을까, 1980년대에 등장한 철학 사조는 강력한 국가의 통제와 감시가 어떻게 사회를 변화시키는지 경고하는 내용을 담고 있다.

이렇게 초국가주의와 권위에 대한 저항 정신이 흐르는 가운데 1988년, 미국의 컴퓨터과학자 겸 엔지니어인 **티모시 메이**Timothy May는 **크립토 아나키스트 선언**Crypto-Anarchist Manifesto을 발표했다. 크립토 아나키스트 선언은 개인에 대한 정부나 중앙 집중화된 기관의 감시와 통제를 거부하며, 개인 간 직접 연결된 네트워크를 통해 권력을 분산함으로써 누구나 자유를 누릴 수 있는 사회를 상상하였다. 이를 실현해 주는 것이 바로 암호화 기술이다.

메이는 **사이퍼펑크**Cypherpunk 창립자이기도 하다. 사이퍼펑크 운동은 암호화 기술을 통해 개인의 프라이버시와 자유를 지키기 위해 노력하는 사회 운동가들의 집단으로 1980~1990년대 활동했다. 사이퍼펑크는 운동일 뿐만 아니라 문화이기도 했다. 이들은 윌리엄 깁슨의 〈뉴로맨서〉나 스티븐슨의 〈스노우 크래시〉 같은 사이퍼펑크 소설을 현실로 만들고자 했다. 온라인에서만 활동하지 않고 **크립토 파티**라는 모임을 열어 마치 비밀결사같은 분위기에서 커피 한 잔을 마시며 일반인에게 암호화 기술을 가르쳤다. 미국 정부가 **PGP**Pretty Good Privacy라는 강력한 암호화 소프트웨어를 무기로 간주하고 수출을 금지하자 개발자 **필립 짐머만**Philip Zimmerman은 PGP 전체 소스 코드를 책으로 출판했다. 소프트웨어는 무기로 간주되어 수출을 금지하는 것이 허용되었지만 책의 수출을 금지하는 것은 언론 탄압으로 간주되기 때문이었다. 이 일로 인해 미국 정부는 결국 암호화 소프트웨어에 대한 수출 규제를 점진적으로 완화했다. 사이퍼펑크는 디지털 세계의 의적이라 할 수 있을까? 이들을 정부와 대기업이라는 악당으로부터 개인의 자유와 프라이버시라는 보물을 지키려 한 로빈후드라고 하면 사이퍼펑크에서 무척 좋아할 것 같다.

암호화 기술은 국방에서 시작되었지만 이를 개인을 위하여 활용하면 중앙 통제를 벗어나 자유로운 의사 결정이 가능해진다는 생각이 부상했다. 이는 해커 개인들의 혁신과 자유에 대한 강조로 나타났으며, 암호화 기술은 더 이상 국가나 조직에만 속해 있지 않고 개인에게도 중요한 도구로 작용하게 되었다. 이 시기부터 암호화 기술이 발전하면서 인터넷을 기반으로 한 전자상거래, 뱅킹 등의 기술이 급속하게 발전하였다. 메이의 크립토 아나키스트 선언은 이후 다루게 될 웹3.0과 같은 현대의 암호화폐와 블록체인 기술의 발전에 큰 영향을 미쳤다.

1990년대: 인터넷의 시작

1990년대는 인터넷의 등장으로 전 세계가 정보화 시대로 급속히 진입했다. 이 시기는 크립토 아나키즘이 실현될 수 있는 기반인 정보의 자유로운 흐름과 공유가 가능해졌다. 인터넷은 정보에 대한의 중앙 집중형 통제를 해체하고, 개인 산의 직접직인 정보 교환을 가능하게 하였다. 이로 인해 개인은 자신의 정보를 자유롭게 관리하고 공유할 수 있는 권리를 얻게 되었다. 또한 인터넷은 기존에 없던 기술과 서비스의 발전을 이끌어냈으며, 이를 통해 사람들의 생활 방식이 크게 변화하였다.

1990년대 중반, 초고속 인터넷의 도입과 함께 정보의 전달 속도가 빨라지고 정보량이 급증했다. 이를 두고 에릭 슈미트$^{Eric\ Schmidt}$는 1997년 프로그래머 컨퍼런스에서 "인터넷은 인류가 만든 것 중 인류가 이해하지 못한 첫 번째 것이며, 인류 역사상 최대 규모의 무정부주의 실험"이라고 표현했다. 슈미트의 이러한 표현은 정보의 자유로운 흐름과 폭발적인 증가, 그리고 개인 간의 네트워크라는 인터넷의 속성을 강조하며, 이로 인한 새로운 시대의 도래를 예고하는 것이었다.

인터넷은 전자상거래와 금융 분야에 혁명을 일으켰다. 온라인 뱅킹이나 전자상거래 플랫폼 등이 전통적인 비즈니스 모델에 도전하며 새로운 비즈니스 모델을 형성했다. 새로운 모델은 개인정보와 관련한 새로운 형태의 경제 활동을 촉진시켰고, 이에 따라 인터넷은 사회 전반에 걸쳐 경제 활동과 소통의 핵심 수단으로 자리잡았다.

이전에 개인정보는 주로 오프라인에서 발생하는 소통과 거래에서 생성되고 사용되었다. 그러나 인터넷의 보급과 함께 온라인에서 더욱 활발하게 생성되고 교환되기 시작했다. 개인의 쇼핑 습관, 소비 활동, 관심사 등이 온라인상에서 다양한 플랫폼을 통해 기록되고 공유되면서 이 정보가 새로운 형태의 경제 활동을 창출하게 된 것이다.

물론 이것이 앞서 말한 크립토 아나키스트 선언이나 사이퍼펑크 운동의 의도가 구현된 것이라고 볼 수만은 없다.

2000년대: 글로벌 금융 위기와 블록체인

2007~2008년 미국의 서브프라임 모기지 사태로 발생한 글로벌 금융 위기는 그 후의 경제 환경에 큰 변화를 초래했다. 서브프라임 모기지는 신용도가 일정 기준 이하인 저소득층을 대상으로 하는 주택담보대출

상품이다. 이 상품은 프라임 등급을 대상으로 하는 상품에 비해 부실 위험이 크므로 높은 대출 금리가 적용된다. 따라서 대출 기관들은 고수익을 얻기 위해 서브프라임 모기지 상품의 판매를 크게 늘렸다. 그러나 금리가 상승하자 서브프라임 모기지 대출자 중 많은 사람들이 원리금을 제때 상환하지 못하게 되었고, 이로 인해 이 대출 채권을 기초 자산으로 하여 발행된 여러 파생 금융상품이 연쇄적으로 부실해지면서 금융 시장 전체가 영향을 받아 결국 글로벌 금융 위기로 이어졌다.

금융 회사의 탐욕이 초래한 리먼 브라더스 같은 대형 투자은행들의 파산이 대규모 실업과 경제 위기로 이어지면서 전 세계인은 금융 자본에 대해 분노했으며, 이는 **월스트리트를 점령하라** 시위 등으로 표출되었다. 경제 위기의 확산을 막고자 정부는 막대한 자금을 투자은행에 투입했는데, 투자은행들은 실질적 책임을 지기는커녕 직원들에게 막대한 성과급을 지급하는 등 돈 잔치를 벌여 이들에 대한 비난은 더욱 거세졌다.

은행에 대한 이와 같은 불신은 블록체인과 비트코인의 탄생에 영향을 미쳤다. 중앙 기관의 통제를 벗어나 돈을 운영하고 거래할 수 있는 시스템을 마련할 수 없을까? 개인인지 그룹인지 아직 확인되지 않은 **사토시 나카모토**는 2008년 〈비트코인: 개인 간 전자 화폐 시스템Bitcoin: Peer-to-Peer Electronic Cash System〉이라는 논문을 발표하면서 비트코인을 소개했다. 비트코인은 금융 시스템의 탈중앙화를 실현하는 블록체인 기반 기술로, 불특정 다수를 참여시키면서도 정보 보안을 보장함으로써 사용자들에게 더 많은 권한과 프라이버시를 제공하고자 한다. 블록체인과 비트코인의 운영 원리에 대해서는 2부에서 좀더 안내하겠다.

2010년대 이후: 이더리움과 비탈릭 부테린의 비전

2010년대 초반, 비트코인이 암호화폐의 선구자 역할을 하며 주목받고 있을 때 한 젊은 프로그래머가 블록체인 기술의 새로운 지평을 열고자 했다. 그는 바로 이더리움의 창시자 비탈릭 부테린Vitalik Buterin이다. 부테린의 목표는 단순한 화폐 거래를 넘어 블록체인 기술을 통해 더 공정하고 투명한 사회 시스템을 구축하는 것이었다. 그는 블록체인이 탈중앙화된 합의를 통해 경제적·사회적·정치적 시스템을 재구성할 수 있는 도구라고 주장했다. 이러한 생각을 바탕으로 2013년 이더리움의 개념을 제안했다.

이더리움의 핵심은 **스마트 계약**smart contract이다. 스마트 계약은 중재자 없이 자동으로 계약을 실행할 수 있는 프로그램으로 이를 통해 "신뢰할 수 없는 인터넷에서 신뢰할 수 있는 계약을 만들 수 있다."고 설명했다. 이더리움은 1980년 크립토 아나키스트들이 꿈꾸던 탈중앙화된 자유로운 세계의 실현에 한 걸음 더 가까워지는 계기가 되었다. 그의 가치관은 한 인터뷰에서 "부의 축적보다는 의미 있는 변화를 만드는 것이 중요하다."고 강조한 데에서 확인할 수 있다. 부테린은 2014년 이더리움재단을 설립하여 오픈소스 커뮤니티를 지원하고, 연구자와 개발자들이 이더리움 생태계에 기여할 수 있도록 장려했다.

2020년대에 들어서면서 이더리움은 지속적인 발전을 거듭했다. 블록체인 운영에 막대한 전기가 소요되는데, 운영 방식을 컴퓨터의 연산능력으로 암호를 푸는 **작업 증명**PoW; proof of work에서 보유한 코인의 수량과 보유 기간에 따라 블록 생성 권한이 부여되는 **지분 증명**PoS; proof of stake으로 전환함으로써 에너지 소비를 99% 이상 줄이는 데 성공했다. 이더리움의 성공은 많은 개발자들에게 영감을 주었고, 이는 다양한 블록체인 프로젝트의 탄생으로 이어졌다. 디파이, NFT 등 새로운 개념이 등장하며 블록체인 생태계는 더욱 풍성해졌다.

제2부

블록체인 입문

1부에서는 1980년대부터 2010년 이후까지 블록체인 기술이 나타나게 된 배경과 철학을 살펴보았다. 크립토 아나키즘, 인터넷, 블록체인, 그리고 비트코인과 이더리움의 기저에는 중앙 집권적 통제에서 벗어나 개인의 자유를 쟁취하려는 열망이 깔려 있었고, 이 열망을 실현하기 위해 암호화 기술이 필요했다고 설명했다. 2부에서는 암호화 기술이 모두를 연결할 수 있는 기술인 웹을 거쳐 블록체인 기술로 발전한 과정을 살펴본다. 그리고 많이 들어보고 아는 것 같지만 여전히 헷갈리는 암호화폐, 코인, NFT와 같은 기술 용어를 알아본다.

3장

웹 3.0

메타버스, NFT, P2E가 합쳐진 Web3.0이란?(웹 3.0)" 요약

인터넷 기술이 등장한 후로 웹 환경은 1.0에서 출발하여 2.0, 3.0으로 진화를 해왔다. 웹 1.0은 야후, 넷스케이프, 네이버, 다음과 같은 일방향 소통의 초창기 인터넷 환경을, 웹 2.0은 트위터, 페이스북과 같은 SNS 중심의 참여형 플랫폼이다. 그리고 앞으로 다가올 웹 3.0은 블록체인 기술을 통해 탈중앙화와 개인의 온라인 콘텐츠 소유를 추구하는 기술 환경이 될 것이라고 사람들은 이야기한다.

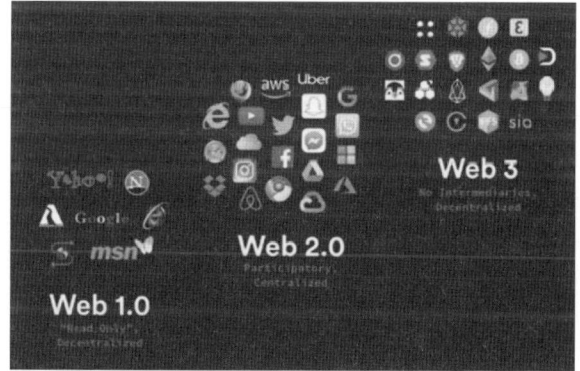

그림1. 웹의 진화: Web1.0에서 Web3.0까지의 발전 과정

웹 1.0: 읽기의 시대

웹 1.0은 1990년대 야후, 넷스케이프, 그리고 우리나라의 다음과 네이버와 같은 일방향 소통의 초창기 인터넷 환경을 말한다. 홈페이지와 같이 PC를 기반으로 읽기 위주의 서비스가 제공된다. 초기 인터넷 웹페이지에서는 사용자가 직접 글을 쓰거나 웹사이트 운영자와 상호 작용을 할 수 있는 방법이 거의 없었다. 사용자가 참여할 수 있는 방식은 게시판 정도이지 않을까. 웹 1.0의 주요 특징은 다음과 같다.

1. **일방향적 정보 제공**: 웹사이트 운영자가 정보를 제공하고 사용자는 이를 읽기만 할 수 있다.
2. **정적인 HTML 페이지**: 대부분의 웹사이트가 저장된 정보를 있는 그대로 보여주는 정적인 HTML로 만들어져 상호 작용이 제한적이다.
3. **제한된 사용자 참여**: 사용자가 콘텐츠를 생성하거나 수정할 수 있는 기능이 거의 없다.

예를 들어, 당시의 뉴스 웹사이트는 단순히 기사를 게시하는 수준이었으며, 독자들이 댓글을 달거나 기사를 공유하는 등의 상호 작용 장치는 없었다. 또한 온라인 쇼핑몰은 제품 정보를 나열하는 수준에 그쳐, 사용자 리뷰나 추천 시스템 같은 기능은 없었다.

말하자면 정보 제공자가 인터넷 상에 웹페이지를 만들고 종전에 오프라인에서 제공하던 정보를 여기에 옮김으로써 보다 많은 사람들이 볼 수 있도록 하는 것이 목적이었다. 하지만 개별 웹페이지를 일일이

찾는 것은 80년대에 전화번호를 일일이 외워 전화를 하는 것 같이 비효율적이다. 그래서 전화번호부와 같이 모든 웹페이지의 주소와 이름을 검색할 수 있는 네이버나 야후 같은 포털 사이트가 등장하게 되었고, 이들이 웹1.0 시대를 주도했다.

웹 2.0: 참여와 공유의 시대

웹 2.0은 2000년대 중반부터 시작된 웹의 진화 단계로 사용자 참여와 상호 작용이 핵심이다. 스마트폰이 등장하면서 트위터를 시작으로 페이스북, 인스타그램 등 SNS가 엄청나게 성장했다. 이 시기에는 읽기뿐 아니라 쓰기도 가능해졌다. 웹 2.0의 주요 특징은 다음과 같다.

1. **사용자 생성 콘텐츠:** 블로그, 위키, SNS 등을 통해 사용자가 직접 콘텐츠를 생산하고 공유할 수 있게 되었다.
2. **상호 작용과 협업:** 댓글, 공유, 좋아요 등의 기능으로 사용자 간 상호 작용이 활발해졌다.
3. **웹 애플리케이션의 발전:** 웹 브라우저와 서버 간 통신 속도를 개선해 주는 AJAX 등의 기술을 통해 더 동적이고 반응성 높은 웹 애플리케이션이 등장했다.

예를 들어, 유튜브에서는 누구나 동영상을 업로드하고 공유할 수 있게 되었고 위키피디아에서는 사용자들이 협업하여 지식을 구축하고 편집할 수 있게 되었다. 페이스북, 트위터 같은 SNS 플랫폼은 개인의 일상을 공유하고 소통하는 새로운 문화를 만들어냈다.

이러한 환경에서 SNS 플랫폼에 참여한 개인은 본인이 업로드한 글이나 영상으로 괜찮은 수입을 올릴 수도 있게 되었지만, 무엇보다 SNS 플랫폼 기업이 초거대 기업으로 성장할 수 있게 되었다. 여기에 불만이 제기된다. "참여자들이 키워줬는데 이득은 왜 기업이 다 가져가냐!", "게시물을 올리거나 게임에 참여했는데 소유권이 왜 회사에 있냐?". 이런 목소리와 더불어 웹 3.0의 필요성이 등장하게 된다. 앞서 소개한 2000년대 중앙 집중화된 은행의 잘못으로 야기된 글로벌 금융위기와 블록체인 스토리가 기억나는가?

웹 3.0: 의미와 연결, 그리고 소유의 시대

웹3.0은 현재 진행 중인 웹의 새로운 패러다임으로, **인공지능**[AI], **시맨틱 웹**, 블록체인 기술 등을 활용하여 더 지능적이고 연결된 웹을 지향한다. 이런 맥락에서 웹 1.0은 PC가, 2.0은 스마트폰이 필요했다면 웹 3.0이 구현되기 위해서는 블록체인 기술이 필수적이다. 이 단계에서는 읽기와 쓰기를 넘어 소유의 개념이 추가된다. 웹 3.0의 특징은 다음과 같다.

1. **시맨틱 웹**: 데이터에 의미[semantics]를 부여해 기계가 정보를 이해하고 처리할 수 있게 한다.
2. **AI와 기계 학습**: 개인화된 경험과 지능적 검색, 그리고 추천을 제공한다.
3. **탈중앙화**: 블록체인 기술을 통해 중앙 집중식 서버 없이도 데이터

를 저장하고 처리할 수 있게 된다.
4. 데이터 소유권: 사용자가 자신의 데이터를 직접 소유하고 통제할 수 있게 된다.

예를 들어 블록체인 기반의 **디센트라랜드**Decentraland와 같은 플랫폼에서는 사용자가 가상의 토지를 구매하고 소유할 수 있다. 이 토지는 NFT 형태로 존재하며 실제 부동산처럼 거래할 수 있다. 역시 블록체인 기반의 게임 **액시 인피니티**Axie Infinity에서는 플레이어가 게임 내 아이템을 실제로 소유하고 거래할 수 있다.

데이터를 분산시켜 해킹의 위험으로부터 개인을 보호하고, 데이터 소유권을 플랫폼 기업이 아닌 이를 제공한 개인에게 돌려줌으로써 참여한 개인에게 보다 많은 혜택과 권한을 제공하는 것이 웹 3.0의 비전이다. 한마디로 정리하면, 참여자들이 함께 소유하는 탈중앙화 웹 생태계이다.

그런데 여기서 유튜브의 크리에이터와 같이 영상을 제작해 업로드하거나 방송을 해서 개인도 막대한 수익을 창출할 수 있는데, 그러면 웹 2.0에서도 소유하기가 가능한 것 아니냐는 의문을 제기할 수 있다. 소유와 함께 웹 3.0에서 중요한 것은 앞에서 설명한 **탈중앙화**이다. 거버넌스, 즉 지배 구조가 웹2.0은 중앙화되어 있다면 웹 3.0은 분산된 참여형 거버넌스를 지향한다는 것이다.

표2. Web 1.0, 2.0, 3.0 비교

웹의 진화	Web 1.0	Web 2.0	Web 3.0
디바이스	PC	스마트폰	블록체인
가능한 기능	읽기	읽기 / 쓰기	읽기 / 쓰기 / 소유

웹의 변화 과정을 운전면허 증명을 사례로 들어보자.

웹1.0 시대에 운전면허 정보를 확인하기 위해서는 반드시 물리적인 운전면허증 원본이 필요했다. 웹사이트에서는 면허 관련 정보를 확인만 할 수 있었다. 면허 갱신이나 주소 변경 등의 업무를 처리하려면 번거롭게도 직접 관공서를 방문해야만 가능했다. 웹2.0 시대에는 정부 웹사이트를 통해 운전면허 정보를 조회하고 출력할 수 있게 되었다. 사본을 온라인으로 발급받아 필요한 곳에 제출해도 괜찮다. 면허 갱신이나 주소 변경 등의 간단한 절차를 온라인으로 처리할 수 있게 되었다. 사용자들은 운전면허 관련 정보나 경험을 온라인 커뮤니티에서 공유하고 토론할 수 있다. 웹3.0에서는 블록체인 기술을 활용해 자신이 운전면허 정보를 직접 관리하고 통제할 수 있게 된다. 분산 신원 인증 기술을 통해 개인이 자신의 운전면허 정보를 안전하게 저장하고, 필요한 경우에만 선택적으로 공개할 수 있다. 스마트 계약을 통해 운전면허 정보의 유효성을 실시간으로 검증할 수 있다. 예를 들어, 면허가 정지되면 자동으로 관련 시스템에 반영된다. 개인이 자신의 운전 기록, 보험 정보 등을 통합 관리하며, 필요한 기관에서 선택적으로 공개할 수 있다. 카 셰어링 서비스에서 블록체인에 저장된 운전면허 정보를 즉시 확인하고 이용 자격을 부여하는 등 새로운 서비스가 가능해지고, 블록체인에 저장된 정보를 바탕으로 다른 국가에서도 쉽게 운전면허를 인증받을 수 있다.

4장
블록체인, 암호화폐, 그리고 NFT

이제 본격적으로 웹3.0이 가능하게 한 주요 기술과 용어를 다루어보고자 한다. 블록체인, 암호화폐, 그리고 NFT의 개념과 작동 원리에 대해 알아보도록 하겠다.

블록체인

블록체인 혁명

이메일이나 이미지를 인터넷으로 보낸다면 그건 진본이 아니라 복사본을 보내는 것이다. 어떤 면에서는 좋은 셈이다. 그런데 돈, 채권, 음악이나 예술 작품 같은 지식재산^{IP: intellectual property}, 탄소 배출권 등을 보낼 때 사본을 보낸다는 것은 위험하다.

오늘날 우리는 거대 중개자에게 완전히 의지하고 있다. 은행, 신용 정보 회사, 소셜 미디어 기업 등의 중개인들이 진위 판별과 결제, 기록 보관까지 모든 상거래의 사업과 거래 방식을 정한다. 하지만 여기에는 몇 가지 문제가 있다. 관리 집중화로 해킹에 노출된다. 개인의 데이터를 소유하고 사생활을 침해한다. 또한 이들은 수십억의 사람들을 세계 경제에서 제외시키기도 한다. 예를 들어 돈이 없거나 신용 평가 등급이 낮으면 은행 계좌를 개설하지 못해 금융 거래에서 소외될 수밖에 없다. 금융 거래가 가능하다고 해도 시간이 많이 걸리거나 수수료를 더 많이 내야 한다. 가장 큰 문제는 디지털 시대의 풍요를 불평등하게 누리게 되는 것이다.

전 세계에 분산된 회계 장부가 권위 있는 중개인 없이도 수백만 대의 컴퓨터에서 운영되고, 모두에게 개방되며 현금에서 음악까지 모든 자산을 저장·이동·거래·교환하고 관리하는 매개체가 있다면 어떨까? 사람과 사람을 일대일로 연결한 신뢰 프로토콜을 구현한다면? 신뢰는 거대 기관의 통제가 아니라 협력과 암호화와 기발한 코드로 생성된다.

이 획기적인 아이디어에 공감해서 나도 비트코인 블록체인에 참여해보고 싶다고 가정하자. 그러면 나도 PC로 블록을 생성해야 한다. 블록이란 작업이나 거래를 기록하는 일종의 장부 원본을 말한다. 블록을 생성하기 위해서는 일정 난이도 이상의 작업, 쉽게 말하자면 문제 풀이를 해야 한다. 비트코인의 블록을 생성하려는 사람들이 많기 때문에 이 과정은 경쟁적인데, 이 블록은 10분에 한 개 꼴로 생성된다. 문제 풀이에 성공해 드디어 블록이 생성되면 전 세계 몇십만 대의 컴퓨터와 이제 함께한다. 내가 생성한 블록들은 이전 블록과 연결이 되며, 이것이 모여 블록의 연결, 즉 체인을 만든다. 그렇다고 내 컴퓨터에 전체 블록체인 기록이 생성되는 것이 아니라 내가 생성한 블록의 정보만을 가지고 있다. 이것이 분산형 네트워크라 불리는 이유인데, 이 네트워크의 **노드**^{node}에 해당하는 컴퓨터나 서버는 블록체인 복사본을 갖고 있지 않다. 대신, 전체 블록체인은 여러 노드에 분산되어 있어 각 노드는 자신이 관련된 부분의 블록 정보만 가지고 있다. 이 정보 중에는 각 블록의 고유한 지문 역할을 하는 정보인 **해시값**이 반드시 포함되는데, 각 블록은 이전 블록의 해시값을 가지고 있어 이를 통해 연결된 구조를 형성하고, 각 블록은 이전 블록과의 연결을 유지한다. 이 블록을 해킹하려 한다면 그 이전에 연결된 블록까지 블록체인 전체의 기록을 바꾸어야 하기 때문에 컴퓨터 한 대가 아니라 수십만 대를 동시에 해킹해야 한다.

이제 블록을 생성하느라 수고한 나는 보상으로 비트코인을 받는다. 이를 블록 보상이라고 한다. 즉, 블록체인은 수많은 개인이 연결된 신뢰 프로토콜이고, 이 네트워크에 기꺼이 참여하고자 하는 사람들에게 지급되는 보상이 암호화폐다. 암호화폐는 웹 3.0에서 플랫폼 참여에 대한 보상, 플랫폼의 화폐, 그리고 플랫폼의 가치를 반영하는 주식의 역할을 한다.

비트코인 블록체인 이외에도 수많은 블록체인 시스템이 있다. 이더리움 블록체인이 대표적이다. 이더리움에는 스마트 계약 시스템이 있어 이 생태계 내에서 앱, 서비스, 게임 등을 런칭할 수 있다. 스마트폰의 안드로이드나 iOS에 각종 앱을 설치할 수 있는 것과 유사하나. 암호화폐는 플랫폼의 의사결정에 참여할 참정권의 역할도 한다. DAO^{decentralized autonomous organization}는 플랫폼을 소유한 기업이 결정하는 것이 아니라 암호화폐를 가지고 있는 사람들이 해당 플랫폼에서 각종 의사 결정에 참여하는 네트워크를 의미한다.

암호화폐

앞서 블록 생성에 대한 보상이나 디지털 세계에서 사용되는 화폐가 암호화폐라고 소개하였다. 개념적으로 암호화폐는 암호적 기술을 사용해 디지털로 암호화된 자산을 말한다. 대표적인 암호화폐는 비트코인, 이더리움, 리플$^{XRP;\,ripple}$ 등이 있다. 지폐나 동전 같은 실물이 없이 디지털 데이터 형태로 존재하기 때문에 **가상화폐**$^{virtual\,money}$의 일종이다.

가상화폐 중에는 온라인에서 사용되는 포인트나 게임에서 사용되는 게임 머니처럼 중앙 집중형 데이터베이스에서 거래를 관리하는 것도 있다. 반면 암호화폐는 탈중앙화 시스템에 기반하는 것만을 가리키므로, 가상화폐가 암호화폐보다 큰 범주이다.

가상자산은 암호화폐, NFT, 그리고 게임 내 아이템이나 게임 머니 등 디지털 형태로 존재하는 자산을 포함한다.

디지털 자산은 가장 광범위한 개념으로, 디지털 형태로 존재하는 이메일, 소프트웨어, 디지털 미디어 등을 모두 포함한다. 가상자산과 다른 점은 실제 세계의 자산을 디지털화한 것도 포함한다는 것이다. 가상자산과 디지털 자산 또한 혼용되어 사용하나 대개 블록체인 기술과 연관될 경우 가상자산이라고 많이 쓴다.

암호화폐는 코인과 토큰으로 구분된다. 코인은 독립된 블록체인 네트워크에서 작동하는 암호화폐인 반면, 토큰은 특정 블록체인 위에서 발행되어 다양한 기능을 수행한다. 코인은 주로 가치 저장 및 거래 수단으로 사용되며, 비트코인, 이더리움, 리플 등이 대표적인 예이다. 이들은 각각의 독립적인 블록체인 네트워크에서 거래되며, 네트워크 내의 검증자들이 이를 유지한다. 여기에서 독립이란 해당 코인이 다른 블록체인 네트워크에 의존하지 않고, 자체적인 네트워크를 운영한다는 뜻이다. 반면, 토큰은 다른 블록체인 네트워크 위에서 발행되고 작동하며, 자체적인 블록체인이 없다. ERC-20 토큰은 이더리움 네트워크에서 발행되는 대표적인 예로, 디지털 자산 증명, 탈중앙화 금융 서비스, 게임 내 아이템 구매 등 다양한 용도로 사용된다. 또한 토큰은 스마트 계약을 통해 프로젝트의 의사 결정 참여나 보상 체계에도 활용할 수 있다.

기본적으로 각 코인은 고유한 블록체인에서만 직접 사용될 수 있지만 브릿지 기술을 활용하면 다른 블록체인 네트워크에서도 사용하는 것이 가능하다. 예를 들어, 이더리움 코인은 기본적으로 이더리움 블록체인 네트워크에서 사용되지만, 이를 폴리곤 브릿지를 통해 폴리곤 토큰으로 변환(이를 토큰화^{tokenization}라고 한다)하면 폴리곤 블록체인 네트워크에서도 사용할 수 있다. 하지만 토큰에서 코인으로 변환은 다소 복잡하다.

현재 대부분의 코인과 토큰은 고유한 블록체인 네트워크에 종속되어 있다. 이로 인해 다양한 블록체인 간의 연결성이 부족하며 사용자나 개발자가 서로 다른 블록체인 간에 자산을 쉽게 이동하거나 사용할 수 없는 문제가 발생한다. 코인이나 토큰이 모든 블록체인에서 자유롭게 사용되지 못하는 것은 한계이다.

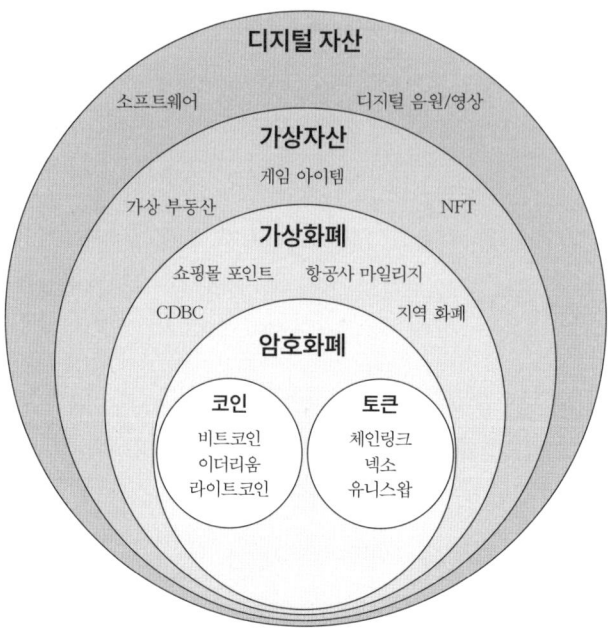

그림2. 가상자산, 가상화폐, 암호화폐, 코인, 토큰의 이해

NFT

NFT는 대체 불가능한 토큰이라는 뜻이다. 토큰은 위에서 설명했듯이 암호화폐의 한 종류다. 그럼 대체 가능한 것과 대체 불가능한 것은 어떤 차이가 있을까? 비트코인이 100개 있다고 가정해 보자. 각각의 비트코인은 모양도, 크기도, 사용 가치도 모두 같기 때문에 거래를 첫 번째 비트코인으로 하든 99번째 것으로 하든 상관이 없다. 1번 비트코인은 99번 비트코인으로 대체가 가능하다. 비트코인은 대체 가능한 코인이다. 이제는 내가 소유한 타워팰리스 아파트를 생각해보자. 타워팰리스 101호가 내 소유라는 것을 증명하기 위해 부동산 등기 권리증이 있다.

여기에는 해당 부동산의 위치, 동·호수, 면적, 그리고 거래 기록이 기재되어 있다. 타워팰리스 101호는 같은 아파트 201호나 아크로리버파크와는 완전히 다른 물건이다. 다른 아파트로 대체 불가능하다. 내 아파트에 대한 부동산 등기 권리증을 토큰으로 발행한 것이 NFT이다.

NFT는 화폐나 결제 통화가 아니다. 디지털 자산 증명서이다. 앞에서 예를 든 부동산 등기 권리증을 블록체인 기반 디지털 스마트 계약을 통해 발행하면 디지털로 자산 증명서가 생성된다. 국내에서는 한국산업인력공단이 국가자격증을 NFT로 발행해 인증할 수 있는 시스템을 마련했다. 내 지갑에 꽂고 다니던 운전면허증이나 실물로 발급받아야 했던 기술 자격증을 전자 지갑에 넣고 다닐 수 있게 되었다. 대체불가능한 실물 자산은 무엇이든 NFT로 발행할 수 있다.

실물 화폐를 디지털 세계에서 사용할 수 없으니 가상화폐가 필요하다. 마찬가지로 디지털 세계에서 취득한 자산의 소유권을 입증하려면 NFT가 필요하다. 사람들이 무언가를 수집하는 이유에는 투자, 투기, 애착, 강박 등 다양한 요인이 있겠지만 결국 수집의 핵심은 희소성이다. NFT는 현실 세계에서 취득한 소유권 증명 방식을 디지털 세계에 구현한 것으로 영상, 음원, 사진 등 다양한 형태의 작품에 블록체인 기술을 적용하여 해당 파일에 대한 소유권을 보증하는 디지털 증표라고 할 수 있다. 따라서 가가 가치가 다른 디지털 자산의 소유권, 거래 이력을 블록체인에 저장하는 기술이 웹 3.0에서는 반드시 필요하다.

예를 들어보자. 내가 디지털로 그린 초상화 작품명을 쌤이라고 하자. 웹2.0 환경에서 쌤을 소셜 미디어에 올리면 이것을 누구나 쉽게 저장하고 재사용할 수 있어 나중에는 쌤에 대한 내 소유권을 주장하기 어렵다. 무한 복제가 가능한 이미지의 원본을 어떻게 식별할 것인가? 불가능하다. 하지만 블록체인 기술 기반에서는 가능하다. 쌤을 NFT로 민팅한다. 민팅^{minting}은 디지털 자산을 블록체인에 등록하고 세상에 하나밖에 없는 토큰으로 만드는 과정을 말한다. 그러면 나의 디지털 작품 쌤의 소유권, 출처, 거래 내역 등의 정보가 포함된 토큰, 즉 쌤 NFT로 발행된다. NFT에는 쌤의 파일 위치를 가리키는 링크가 포함되어 있다. 여기서 헷갈리면 안되는 것이 쌤 이미지 자체는 NFT가 아니라는 것이다. 쌤 NFT는 쌤 작품의 소유권과 관련 정보를 나타내는 토큰이지 작품 자체는 아니다.

블록체인 기술의 등장과 암호화폐, NFT의 발전 과정을 보면서 1990년대 말에서 2000년대 초반까지 이어진 닷컴 버블 열풍이 떠오른다. 수많은 닷컴 기업이 생겨났다 없어지면서 버블은 꺼졌지만 살아남은 기업은 초강대 기업이 되었다. 인터넷이 없는 세상은 이제 상상할 수 없다. 웹 1.0. 누구에게나 정보가 평등하게 제공될 것이라는 기대와 정보 격차가 더 커졌다는 비판이 공존한다. 웹 2.0. 온라인에서 누구나 정보 생산자로 참여할 수 있지만 그 수익은 초거대 기업이 다 가져간 것이 아니냐는 시선도 존재한다. 그럼에도 불구하고 온라인을 통해 이웃을 걱정하고 공감하며 손을 내밀어 세상을 더 아름답게 만들고자 하는 나눔 활동은 멈추지 않았다. 웹 3.0시대. 사회 복지와 공익을 위한 활동을 하는 우리가 기술에 더 관심을 가져야 하는 이유이다.

제3부

블록체인과 가상자산의 공익적 활용

블록체인 기술은 기존 기술 인프라가 없는 저개발국이나 전쟁·재난으로 인프라가 파괴된 나라에서 신분증을 대신하여 개인을 식별하거나, 원조를 제공하거나, 송금 수수료를 절감하는 등에 일찌감치 적극 활용되고 있다. 최근에는 암호화폐 기부 플랫폼이나 기금 설립을 통한 공익사업 투자에도 활용되고 있다.

5장

혁신 기술을 접목한 솔루션

공기처럼 이용하던 은행이나 유통 시스템을 사용할 수 없는 상황이 된다면? 신분증 발급이나 확인이 불가능한 일이 생긴다면? 재난이나 전쟁으로 기존의 시스템이 파괴되거나 이용이 불가능한 지역에서 블록체인 기술로 이를 극복할 수 있는 사례가 있다. 블록체인 기술은 저개발 지역에서 보편적으로 활용할 수 있는 시스템이 부재한 경우에 혁신적인 대안을 제공할 수 있다.

우크라이나 전쟁 긴급 구호

2022년 우크라이나 전쟁이 시작된 이후, 우크라이나 정부는 전 세계적인 지원을 받기 위해 암호화폐 기부를 공식적으로 받기 시작했다. 우크라이나 정부는 암호화폐 업체인 에버스테이크Everstake 등과 협력해 모금 사이트를 만들었다. 러시아의 공격 직후인 2월 26일부터 트위터 등 SNS

를 통해 처음에는 비트코인, 이더리움, 테더Tether로 기부를 받다가 이후 테라, 솔라나Solana, 도지코인 등 다른 코인으로 범위를 넓혔다.

우크라이나로 쏟아지는 암호화폐 기부 행렬

우크라이나 정부에서 개설한 지갑 주소만 알면 전 세계에서 기부가 가능하다. 암호화폐 모금을 통해 우크라이나 정부는 약 7,000만 달러 상당의 기부금을 수령했다. 이 기부금은 주로 전쟁 초기에 모금되었으며 군사 장비 구매와 시민들을 위한 보급품 등에 사용되었다.

우크라이나 정부 이외에도 우크라이나 군대를 지원하는 우크라이나 비영리 단체인 **컴백어라이브**도 수백만 달러의 가상자산을 기부받았다. 컴백어라이브는 2014년에 출범하였으며, 우크라이나군을 지원하는 비영리 단체 중 가장 큰 규모로 50개국에서 2,000만 달러 이상의 기부금을 접수하여 우크라이나군 약 100개 부대를 지원했다.

컴백어라이브는 모금 금액을 무기 구입 자금에 사용하지 않고, 우크라이나인들의 생명을 구하고 우크라이나 군인들이 우크라이나를 방어하는 것을 돕기 위한 기술, 훈련 및 장비를 제공하는 데까지만 기부금 사용을 제한하고 있다. 컴백어라이브는 2014년부터 약 1,000개의 열화상 카메라와 250대 이상의 무인기 이외에도 포병의 저지를 목적으로 하는 아머Armor 소프트웨어가 포함된 1,500대의 태블릿을 제공함으로써 육군의 기술력을 높였다. 기부금을 투명하게 공개하여 기부자들의 신뢰성을 높이고 있다. 이처럼 전시 상황으로 은행 시스템이 제한된 상태에서 암호화폐 기부는 유용한 지원 수단이 된다.

난민 캠프 지원

유엔세계식량계획은 블록체인 기술을 활용한 빌딩 블록 Building Block 프로젝트를 통해 2017년부터 난민을 지원하고 있다.

이 프로젝트가 처음 시행된 지역은 요르단의 자타리 Zaatari 와 아즈락 Azraq 난민 캠프이다. 난민 캠프에는 유니세프, 옥스팜 등 여러 국제 구호 단체가 함께 상주한다. 난민 지원을 위해 전 세계에서 단체들을 통해 감자, 곡물과 같은 식량과 현금이 들어오는데, 이를 필요한 사람들에게 적절히 배분하는 데 여러 어려움이 있었다. 현물의 경우 수요와 공급이 맞지 않는 경우가 있다. 모바일이나 바우처 카드를 지급해 현물과 바꾸게 개선하였지만 이 또한 문제가 있었다. 바우처 카드를 이웃집에 놓고 왔다 다른 사람이 써버리는 경우, 현금화해서 가져가는 경우도 발생했다. 개인 정보 문제도 있다. 난민의 신상 정보가 노출될 수도 있고 여권 번호를 외우고 다녀야 하는데 잊어버릴 경우 증명이 어렵기도 했다.

유엔세계식량계획은 파키스탄의 사례를 참고해 난민들의 홍채 정보를 저장해 신분증 대신 사용할 수 있도록 했다. 그 다음은 우리가 마트에서 장을 보는 것과 같다. 사람들은 구호 물품이 잘 진열된 큰 슈퍼마켓에 들어가 원하는 물건을 담아 장을 본다. 그리고 카운터에서 바코드로 장 본 물건들을 스캔한 후 카드나 현금 대신 눈을 스캐너에 갖다 대면 홍채 인증이 완료된다. 구매한 물품의 정보와 인증 정보는 함께 저장되고 이 정보는 다른 구호 기관들과 공유된다.

Blockchain Technology: IDENTITY, HOPE, AND DIGNITY FOR SYRIAN REFUGEES IN JORDAN

이런 과정은 본인 인증 이상의 의미가 있다. 내가 난민이라는 것을 복잡한 절차를 통해 증명할 필요가 없다. 현물 지원의 경우 필요와 선호가 다양한데 이를 정확히 파악하고 분배할 수 있다. 그래서 인간으로서 품위를 유지할 수 있는 방법이기도 하다. 또한 구호 자원을 관리하는 과정에서 부패나 횡령의 위험이 있는데, 실시간으로 거래가 기록되며 위·변조가 불가능하므로 투명성을 확보할 수 있다. 빠르게 여러 구호 기관에서 다양한 유형의 구호품을 한 번에 받을 수 있도록 해 지원이 필요한 사람들에게 편의를 제공하고 물품 수송에 소요되는 비용과 송금 수수료를 혁신적으로 절감했다.

Building Blocks

이 프로젝트는 블록체인 기술이 사회 문제 해결에 어떻게 기여할 수 있는지 보여주는 성공한 주요 사례가 되어 이후 더 많은 지역에서 실행되고 있다.

그림3. 블록체인 기술을 탑재한 난민 캠프 내 슈퍼마켓

6장

포용 금융

은행 계좌, 신용 카드, ATM. 우리가 일상적으로 사용하는 금융 도구이지만 생각보다 훨씬 많은 사람이 이 혜택을 누리지 못한다. 은행 서비스를 이용할 수 없는 사람이 전체 성인의 31%인 17억 명에 달하고, 일부 개발 도상국에서는 그 비율이 61%나 된다고 한다. 은행 계좌를 이용할 수 없는 사람의 55%는 여성이다. 포용 금융이란 모든 사람들이 필수적인 금융 서비스, 예를 들어 저축, 대출, 보험 등에 접근할 수 있도록 하는 것을 목표로 한다. 이는 경제적 기여를 확대하고 빈곤을 해결하려는 노력의 일환이다. 블록체인 기술은 국적, 민족, 인종, 성별, 사회적·경제적 계층에 관계없이 인터넷에 접속할 수 있는 모든 사람이 접근할 수 있는 글로벌 오픈소스이다.

Cryptocurrencies can enable financial inclusion. Will you participate?

결제와 송금

유니세프가 투자한 리프Leaf 프로젝트는 케냐, 우간다, 르완다에서 스마트폰이 아니라도 휴대폰으로 돈을 주고받을 수 있게 해준다. 여권이나 인터넷이 필요하지 않다.

2021년 10월 기준으로 총 5천 8백여 명이 약 10만 건의 거래를 했다. 평균 이체 금액은 4.97달러로, 이렇게 적은 금액은 기존 송금 서비스를 이용하면 가혹한 수수료가 부과된다. 이들 중 많은 사람은 르완다 난민인데, 현재 다른 나라에 있는 가족으로부터 송금을 받을 수 있고 음식과 야채 같은 물건도 구입 가능하다.

유사한 프로젝트인 코태니 페이Kotani Pay는 케냐인들이 저사양이라도 휴대폰에서 짧은 코드를 입력해 암호화폐를 수령하고 이를 케냐 화폐로 변환할 수 있도록 하는 프로젝트다. 개인 간 평균 이체 금액은 1달러이며, 약 2만5천 명의 사용자가 14만 건의 거래를 이용하였다.

리프와 코태니 페이는 모두 블록체인을 사용하여 효율적인 송금이 가능하게 했다. 수수료는 무료 또는 2% 미만으로 매우 낮았고 거래 시간도 3~5분으로 단축되었다. 국내외 여러 모바일 네트워크에서 여러 가지 통화를 보유할 수 있어 특히 소액 송금에 유용하다.

P2P 금융과 소액 대출

키바KIVA는 2005년에 설립된 세계 최초의 P2P 소액 대출 플랫폼으로 유명하다. 개인이 개발 도상국의 개인 또는 기업가에게 직접 소액 대출을 할 수 있는 플랫폼이다. 각 국가의 현지 마이크로파이낸스 기관이 있어서 대출 희망자는 이 기관에 대출 신청서를 제출한다. 현지 기관에서 신청자의 상황과 사업 계획을 평가해 승인된 신청자의 프로필을 키바 웹사이트에 게시한다. 프로필에는 대출을 신청하게 된 사연, 신청 금액, 상환 계획 등이 포함된다. 전 세계 개인 누구나 온라인으로 소액을 기부하고, 대출자는 정해진 기간 동안 분할 상환을 하며, 상환된 금액은 다른 대출자에게 재투자되거나 기부자에게 반환된다.

소액 대출은 25달러부터 누구나 참여가 가능하며 모든 대출 프로젝트 정보는 공개되는데, 상환율은 97% 이상으로 매우 높다. 상환율이 높은 이유는 많은 개인 기부자가 프로젝트를 검토하고 선택하는 집단 지성을 활용해 상환 가능성이 높은 대출자를 식별하도록 하기 때문이다. 또한 대출자는 자신의 스토리가 공개되고 지원하는 사람이 많다는 것을 알기 때문에 책임감을 느끼고 상환에 더욱 노력하게 된다. 설립 후 80개 이상 국가에서 2백만 명 이상에게 35억 달러가 대출되었다. 교육, 의료, 농업, 소규모 사업 등 다양한 분야에 지원이 이루어져 빈곤 감소, 경제 성장, 여성과 청년의 사회 참여 증진 등 사회에 긍정적인 영향을 미쳤다.

키바는 2017년에 블록체인 기반 플랫폼인 키바 프로토콜을 도입해 블록체인 기반 P2P 대출 플랫폼으로 선도적인 위치를 차지했다. 전 세계 100개 이상 국가에서 활용되고 있는데, 모든 거래 기록이 공개되고 자동화 기능을 도입해 효율성을 높이면서 스마트 계약을 활용해 새로운 금융상품 개발 가능성을 높였다.

악시온Accion은 미국에서 설립된 비영리 소액 금융 기관으로 빈곤층의 경제적 자립을 돕기 위해 소액 대출, 기술 지원, 교육 및 훈련을 제공한다. 50개 이상 국가에서 5천만 명 이상의 고객에게 100억 달러 이상을 대출했다. 키바가 P2P 플랫폼으로 개인이 대출 대상에게 직접 대출하는 방식이라면, 악시온은 비영리 기관이 자체적으로 기금을 조달하여 현지 지사를 통해 대출을 실행하는 방식을 채택하고 있다. 악시온은 블록체인 기반 소액 금융 플랫폼 **악시온 핀테크**^{Accion FinTech}를 개발해 신용 평가 및 대출 관리 프로세스를 자동화했다. 소액 금융 기관 간 협력과 정보 공유를 강화해 더 나은 금융 서비스를 고객에게 제공하고 있다.

7장

기부 플랫폼

국내 첫 온라인 기부 플랫폼은 2005년에 시작된 **네이버 해피빈**이다. 아름다운재단과 네이버의 공동 기획으로 시작해 현재는 해피빈재단으로 운영되고 있다. 그로부터 10년이 지난 2015년, **카카오같이가치**가 카카오 기반 기부 플랫폼을 오픈하여 소액 기부 및 간편 결제를 지원하고 있다. 2023년 기준 해피빈은 2,449억 원, 카카오같이가치는 1,248억 원을 모금해 빠른 속도로 성장해온 것을 확인할 수 있다. 해피빈이 웹1.0 시대의 기부 플랫폼, 카카오같이가치가 웹2.0 시대의 대표 기부 플랫폼이라면 웹 3.0시대 기부 플랫폼은 어떤 모습을 하고 있을까.

기빙블록

기빙블록은 암호화폐 모금을 쉽게 하기 위해 만들어진 기부 크라우드 펀딩 플랫폼으로 2018년 미국에서 만들어졌다. 우리나라 대표 온라인 모금 플랫폼인 해피빈의 암호화폐, 글로벌 버전으로 쉽게 이해할 수 있는데, 암호화폐뿐 아니라 주식, 그리고 우리나라에서는 생소하지만 미국에서 인기 있는 **기부자조언기금**DAF: donor-advised fund도 기부할 수 있다.

기빙블록은 재단, 비영리 단체, 대학 및 종교 단체가 가상자산을 기부받고 이를 목적에 맞게 현금화하여 기부금 영수증을 발급하는 등의 프로세스를 갖추고 있으며, 가상자산 커뮤니티 내에서 기부자와 연결될 수 있는 다양한 캠페인 활동을 지원한다. 옥스팜, 세이브더칠드런, 유나이티드웨이, 해비타트, 월드비전 등 전세계 2,000여 개의 국제개발NGO와 국내 단체가 모금을 하고 있다. 아시아-태평양 지역에는 호주, 뉴질랜드, 홍콩과 같이 주로 영어를 사용하는 국가의 단체들이 주로 이용하고 있다.

또한 가상자산 기부 문화를 확산하기 위해 가상자산 총계 동향, 기부 통계, 사례 보고서를 발간하여 가상자산 기부를 받기 원하는 비영리 단체가 암호화폐뿐 아니라 NFT를 기부받을 수 있도록 운영을 도와주고 있다. 2021년 기빙블록을 통해 모금에 성공한 암호화폐는 약 6,964만 달러로 2020년에 비해 약 16배 성장하는 등 가상자산 시장의 성장과 함께 빠르게 성장하고 있다. 2024년 1월 기준 전 세계적으로 20만 달러(약 2천억 원)가 넘는 암호화폐가 기부되었고, 미국 주요 100개 비영리 단체 중 56%가 암호화폐 기부를 받고 있다고 보고하고 있다.

GivingBlock, 2024 Annual Report

기빙블록을 통해 기부할 수 있는 방법은 크게 세 가지다. 첫째는 기부할 단체를 검색 또는 선택하여 그 단체의 전자 지갑으로 바로 기부하는 방법이다. 단체를 선택하면 단체의 개별 홍보 페이지와 전자 지갑 위젯을 이용하여 기부하고자 하는 가상자산 및 금액을 넣고 가상자산을 송금하면 된다. 기부자가 기부금 영수증을 받고 싶으면 개인정보를 입력하여 제공하고, 원하는 경우 익명으로도 기부할 수 있다. 익명으로 기부하지만 기부 단체에 남기고 싶은 메시지도 남길 수 있다. 두 번째 방법은 **임팩트 인덱스 펀드**impact index funds를 이용하는 방법이다. 여성, 환경, 재난, LGBTQA와 같은 이슈를 기부자가 선택하고 기부하면 기빙블록에서 이 펀드를 함께 만든 해당 비영리 단체에 기부금을 균등하게 나누어 준다. 예를 들어 우크라이나 지원을 선택하고 기부하면 이 펀드를 함께 만든 29개의 기부 단체에 지원금이 균등하게 나눠지게 된다. 세 번째는 **기부 서약**giving pledge을 하는 방법이다. 기부 서약에 멤버로 가입하고 향후 수익을 일정 부분 기부하겠다고 서약하는 것이다. 홈페이지에는 스포츠 스타, 기업인, 가상자산 투자가, 기업, NFT 프로젝트 및 익명의 개인들의 서약과 트위터 계정, 기부 상태를 볼 수 있다.

기빙블록은 **제미니**Gemini라는 가상자산 거래소, 커스터디 서비스[1] 제공 기관과 협업하여 가상자산으로 받은 기부금을 보관·현금화·송금해주고 있다. 국내에서는 아직 법인의 전자 지갑 개설이나 원화로 전환하는 것에 어려움이 있기 때문에 국내 비영리 단체가 좀더 쉽게 가상자산을 기부받고 기부 캠페인도 할 수 있는 서비스라 할 수 있다.

비트기브

비트기브는 기술과 비영리 단체 활동 간의 격차를 줄이기 위해 2013년

---

1) 커스터디 서비스에 대해서는 13장에서 자세히 설명한다.

에 설립된 비영리 단체이다. 2015년에 **비트코인 채리티 2.1 이니셔티브**와 **기브트랙**을 선언하면서 2016년에 세계 최초로 블록체인 기반 기부 플랫폼 기브트랙을 론칭했다.

아프리카 긴급 구호, 우간다 아동 병원 지원, 소규모 농장의 도구 지원 등 전 세계 다양한 프로젝트가 모금함을 열고 있다. 국경없는의사회, 세이브더칠드런, 세계자연기금, 엠네스티인터네셔널 등 국제개발NGO도 함께하고 있다. 기부자가 기브트랙 플랫폼에서 도움이 필요한 프로젝트 목록을 보고 기부할 프로젝트를 선택해 전자 지갑 주소로 암호화폐를 보내면 기부가 이루어진다. 이후 기부자는 기브트랙 내에서 기부금이 언제, 어디서, 얼마나 지출되었는지 등 프로젝트 진행 상황을 실시간으로 확인할 수 있다.

앞서 소개한 기빙블록은 해당 단체가 공개하지 않는 이상 최종 모금액을 알 수 없지만, 기브트랙은 프로젝트별로 모금이 얼마나 되었는지 실시간으로 확인할 수 있다. 모금 방식은 모금을 하는 비영리 단체가 직접 전자 지갑을 관리하는 방식과 커스터디 업체에게 맡기는 방식 중 선택할 수 있다. 직접 모금의 경우 중개자가 없어 수수료를 절감할 수 있고 암호화폐 보관이 자유로우나, 보안에 취약할 수 있다.

기부 캠페인 수나 모금액의 규모는 비트기브보다 기빙블록이 더 크다. 기빙블록에 캠페인 페이지를 열면 연간 구독료 3천 달러 및 모금액의 2.9%(25,000달러 이하인 경우)에 해당하는 수수료를 낸다. 반면 비트기브에 열면 월 구독료 10달러(연 120달러) 및 모금액의 2%에 해당하는 수수료를 내므로 비용이 훨씬 저렴하다.

8장

사회투자 유치

사회투자 플랫폼은 투자자들이 투자한 자금 사용과 투자 프로젝트의 진행 상황을 실시간으로 추적하고 확인할 수 있도록 한다. 모금 플랫폼이 주로 암호화폐를 기부받는 것에 초점을 둔다면, 사회투자 플랫폼은 사회적기업이나 공익적 프로젝트에 대한 투자를 촉진하는 것에 초점을 둔다.

크립토 펀드

디지털 세계가 발전하면서 기술이니 서비스에 접근하기 어려운 사람도 늘어가고 있다. 어린이들 또한 예외가 아니다. 유니세프는 기술의 격차로 정보와 서비스에서 소외되는 어린이를 위해 특별한 펀드를 만들었다.

2019년 유니세프는 이더리움재단과 함께 비트코인이나 이더리움으로 기부금을 받을 수 있는 **크립토 펀드**Crypto Fund를 출범시켰다. 이 기금은 블록체인을 이용해 초기 단계의 오픈소스 솔루션을 만들고자 하는 다양한 그룹에 투자한다. 교육을 충분히 받지 못하거나 정보 접근 자체가 어려운 대상자의 문제를 해결하는 데에 일반적인 디지털 솔루션이 적합하지 않거나 비용이 많이 든다는 문제 의식에서 이 기금이 시작되었다. 오픈소스를 기반으로 한 이유는 말 그대로 오픈소스는 누구에게나 무료로 개방되어 있기 때문이다.

크립토 펀드는 ① 접근성 높은 솔루션을 만들고, ② 이러한 솔루션을 만드는 기업가에게 직접 투자하며, ③ 이 일에 투자하려는 벤처 캐피털을 유입시키는 것을 목적으로 한다. 투자는 가상현실^{VR}, AI, 데이터 사이언스, 블록체인 등 네 가지 분야에 집중하는데, 초기 단계 투자 모집, 즉 시드 펀딩$^{seed\ funding}$으로 오픈소스 플랫폼을 구축하여 어린이의 접근성 향상을 목표로 한다. 시드 펀딩 단계에서는 최소 1억에서 최대 4억까지 투자가 이루어진다. 2022년 기준으로 74개국 124개 기업에 투자해 3,100만 명이 혜택을 받았는데, 투자를 받은 기업 중 43%는 여성 기업가 벤처이다. 시드 펀딩을 받은 기업들은 총 2,700만 달러를 외부에서 추가로 투자받는 실적을 냈다.

UNICEF CryptoFund: Exploring Blockchain and How it Could Change Futures for the Most Vulnerable

투자를 받은 기업은 인도의 언어 장애 아동을 돕는 앱 개발, 멕시코 아동 교육 학위 ID 블록체인 발급, 쌀 공급망 추적 개선 등의 사업을 하고 있다. 크립토 펀드는 빈곤 해결과 교육 증진 등 사회 문제 해결을 위해 지속적인 개발이 가능하도록 돕고 있다.

크립토 포 굿

머시코Mercy Corps는 1979년 설립된 국제 개발 단체로, 빈곤, 위기, 불의에 맞서는 사람들을 돕는다. **머시코 벤처스**는 2015년 머시코의 임팩트 투자 부서로 설립되어 현재까지 47개의 초기 스타트업이 규모를 확대하고 4억 4,300만 달러 이상의 추가 자본을 유치하도록 지원했다.

특히 투자받은 기업의 49%는 설립자 중 여성이 1명 이상이 포함돼 있을 정도로 젠더 균형을 중요하게 여긴다. 투자 분야는 지속 가능 농업, 포용 금융, 재생 에너지 등 기후 친화 기술, 의료 서비스 등으로 다양하며, 블록체인 기술과 암호화폐를 활용해 개발 도상국의 사회 문제 해결에 기여하는 다양한 사업을 추진하고 있다. 머시코 벤처스는 투자뿐 아니라 투자 기업들이 소셜 임팩트를 최대화하도록 돕기 위해 다양한 지원을 한다.

머시코 벤처스의 암호화폐 사회투자 프로젝트인 **크립토 포 굿**Crypto for Good Fund은 2022년에 1라운드를 런칭해 전 세계 50개 이상의 국가에서 거의 200건의 신청자를 받았다. 수상자는 모잠비크에서 저렴하고 기후 친화적인 주택을 지원하는 NFT를 활용하는 **엠포와**Empowa, 인도에서 깨끗한 물을 공급하기 위해 분산 토큰 네트워크를 구축하는 **아틀라티스 다오**Atlatis DAO, 인도네시아에서 웹3.0을 활용해 공정한 탄소 상쇄 프로젝트를 진행하는 **포레스트 카본**Forest Carbon 등이 있다.

2023년 2라운드에는 최대 10개 스타트업에게 10만 달러 규모의 지분 없는 기금 제공과 함께 멘토링, 임팩트 측정 컨설팅, 파트너십 기회 제공, 지식 교류, 브랜드 노출 등 비재무적 지원도 함께 했다. 지원 분야는 은행 서비스 이용이 어려운 사람들을 위한 포용 금융, 기후 회복력을 위한 자연 솔루션, 인도적 지원, 투명한 공급망을 통한 농업 생산성 제고, 금융 소외자를 위한 전자 지갑 활용이다.

머시코 벤처스는 개발도상국을 위해 크립토 포 굿을 지속적으로 진행할 것으로 보인다. 2024년에는 블록체인 기술과 더불어 AI, IoT 등 다양한 기술을 활용하는 스타트업을 지원할 가능성이 높으며, 향후 다른 국제기구 및 기업과의 협력을 통해 기금의 영향력을 확대할 계획이다.

9장

비영리와 미래 신기술

모든 비영리 단체가 잘 알고 있겠지만 모금과 사업은 서로 매우 유기적으로 협업해야 한다. 사업과 모금 사이의 이상적인 균형에 기반을 둔 전략적 의사 결정은 모금을 확장하는 데 매우 중요한 동력이 된다. 실제로 국제 개발 사업 중에는 혁신 기술을 활용하여 효율적이면서도 빠르게 지역 사회를 지원하고 긍정적인 결과를 가져오는 사업들이 한창 진행 중이고, 파일럿 사업도 점차 늘어나고 있다. 이러한 사업에 암호화폐 기부가 집중적으로 유입되고 있다. 특히 포용적 금융 사업은 모금된 암호화폐를 달러 또는 현지화로 전환하지 않고 그대로 현지에 송금하고 사용할 수 있도록 함으로써 환전이나 송금에 드는 비싼 수수료를 절감하고 있다.

혁신성을 기반으로 하는 이러한 사업들의 특성을 살펴보면, 블록체인 네트워크에 암호화폐 결제 시스템을 연결하여 암호화폐를 직접 기부받고 이를 현지에서 사용하는 경우, 블록체인 기술의 장점인 투명성을 활용하여 공급망 **추적성**을 극대화하는 경우 등 다양하다. 국제개발NGO

들이 이미 기존 사업 방식에 블록체인 기반의 기술을 접목함으로써 혁신성이 높은 사업을 구현하고 있다. 그 이유는 무엇일까?

이들은 기술을 활용한 글로벌 커뮤니티의 힘을 통해 세계 빈곤 종식이라는 목표에 더 잘 도달할 수 있다는 것을 입증하고 싶어하기 때문이다.

쿰웨 허브 프로젝트

2021년 **카르다노**^{Cardano} 재단과 세이브더칠드런은 동아프리카의 인도주의적 이니셔티브를 위해 카르다노재단으로부터 암호화폐 **에이다**^{ADA}를 기부받기로 했다. 세이브더칠드런은 에이다를 직접 기부받을 수 있는 결제 시스템을 설치하였다. 세계 최대 블록체인 생태계 중 하나의 카르다노재단은 르완다의 세이브더칠드런 팀과 협력하여 블록체인 기술을 기반 **쿰웨 허브**^{Kumwe Hub} 프로젝트를 통해 르완다를 포함 아프리카 6개국에서 활동을 전개한다.

쿰웨는 르완다어로 **함께**를 의미한다. 쿰웨 허브는 세이브더칠드런이 그 사업을 수행하는 아프리카 국가에서 해당 국가의 기술 및 비즈니스 부문에 더 잘 참여할 수 있도록 돕는 임팩트 혁신 허브이다. 교육, 건강, 아동보호 분야에서 임팩트를 창출하는 것을 목표로 한다. 65,000달러 상당의 에이다 암호화폐를 모금하고 이를 르완다 현지의 사회적기업에 투자하는데, 사업은 블록체인 대출 매커니즘이나 디지털 ID 등을 활용하여 수행하며, 기부자가 기부금이 어디에 사용되었는지 등 **임팩트를 추적할 수 있도록** 스마트 계약 기술을 적용하였다.

그림4. 쿰웨 허브 프로젝트 페이지

블록체인 기반 아동 노동 근절

코트디부아르는 전세계 코코아 생산량의 43%를 차지한다. 코코아 생산 가정에서 자란 현지 5~17세 아동의 38%가 코코아 생산과 관련된 노동에 종사하고 있는 것으로 보고되었다. 2022년 **일본국제협력기구**[JICA: Japan International Cooperation Agency]는 여기에 문제 의식을 가지고 블록체인 기술의 특징인 추적성, 신뢰성을 활용하여 코트디부아르 아동 노동 근절 프로젝트를 **비욘드빈즈재단**[Beyond Beans Foundation]과 함께 진행했다. 코트디부아르의 많은 소규모 가족 농장에서는 아동 노동에 크게 의존하고 있는데, 이러한 관행은 대대로 이어져 왔다. 그 이유는 소비자가 더 저렴한 제품을 요구함에 따라 비용이 농민에게 전가되어 소득이 감소하는데, 아동 노동을 이용하면 비용이 절감되기 때문이다. 이를 근절하기 위해서는 카카오 생산 과정을 투명하게 드러냄으로써 수출업자, 소매업자, 소비자 등 구매자가 생산 과정에서 발생하는 아동 노동 문제를 인식하도록 만들어야 한다. 이러한 문제를 인지한 구매자는 프리미엄이 붙은 다소 높은 가격을 지불하더라도 아동 노동을 사용하지 않은 지속 가능한 카카오를 구매하도록 권장될 수 있다. 아동 노동자를 고용하지 않는 농민에게 이 프리미엄을 지급하면 이들 농민의 소득이 향상될 뿐만 아니라, 아이들이 일에서 해방되어 교육을 받을 수 있어 미래 삶의 질이 향상되는 프레임워크로 프로젝트가 실행되었다.

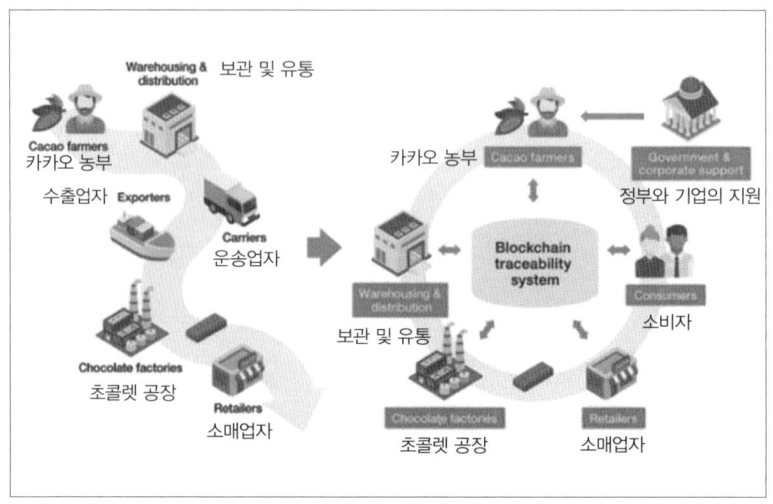

그림5. 블록체인 기반 아동 노동 근절 시스템 개념도

그림 왼쪽은 생산자인 코코아 농가와 구매자 간의 정보 채널이 상호 연결되지 않은 현재 공급망을 나타낸다. 현재 공급망에서는 구매자 측에서 생산자 측으로 전달되는 정보가 추적되지 않아 구매자가 생산 현장의 문제를 파악하는 것이 불가능하다. 이 프로젝트는 그림 오른쪽과 같이 생산자와 구매자가 실시간으로 정보를 공유하는 순환 공급망을 만드는 것을 목표로 한다.

아이의 배움을 지키는, 아동 노동 근절을 위한 블록체인 시스템의 가능성

블록체인 기술을 사용하면 많은 참가자가 동일한 데이터를 투명하게 공유할 수 있다. 이 시스템에서 공유되는 모든 정보는 일단 등록되면 변경이 무척 까다롭고 삭제가 불가능하므로 신뢰성이 높다. 또한 시스템을 운영하는 데 드는 비용이 저렴하다.

이렇듯 기존의 사회 문제 해결 방식에 블록체인 기술을 접목하고 암호화폐를 받으면서 사업의 효율성과 효과성, 그리고 속도를 높이려는 노력들이 많아지고 있다. 이렇게 아프리카, 아시아 현지 공급망에서 발생하는 문제를 기술 접목을 통해 해결하려는 시도는 더 많아지고 있는데, 다음에 소개할 **세계자연기금**의 참치 공급망 파일럿 사업도 그 중 하나이다.

해산물 공급망 투명성 혁신

지구의 한 지역에서 잡힌 생선은 수천 킬로미터 떨어진 최종 목적지에 도착하기까지 수십 번 포장, 가공을 거치기 때문에 해산물 공급망은 매우 복잡하다. 원산지부터 최종 목적지까지 완전하고 효과적으로 추적하는 것이 사실상 불가능하여 모호한 공급망으로 악용될 가능성이 매우 높다. 농산물이나 해산물을 저장하는 창고 시스템을 **사일로**silo라고 하는데, 어업, 가공, 유통 등 각 단계별 기업의 정보가 공유되지 않는 이 문제를 사일로 효과라고 한다. 여기에 전 세계 다양한 어업 분야에서 인권 침해와 기타 불법적이고 비윤리적인 관행에 대한 이슈들이 끊임없이 미디어에 노출되고 있기도 하다. 이로 인해 글로벌 수산업의 윤리적 문제는 소비자들의 신뢰와 직결되어 경제적 손실로 이어지기도 한다. 경제적 손실을 줄이고 윤리적인 공급망으로부터 제품을 구매하고 유통하고자 하는 기업 및 소비자들을 위해 다양한 솔루션을 적용하려 노력하는데 그 중에 하나가 세계자연기금의 **피지**Fiji 참치 공급망 파일럿 사업이다.

최근에는 AI 기술뿐만 아니라 재생 에너지, 탄소 배출량 측정 및 배출권 거래, 기후 위기 속에서의 기술 전환 등 다양한 시도들이 지역 사회에서 지속 가능한 솔루션의 하나로 주목받으며 사회 문제 해결에 접목되고 있다. 하지만 기술만으로는 모든 문제를 해결할 수 없다. 어떤 사회 문제는 직접 사람들이 나서 대면하며 풀어나가야 하는 경우도 있고, 최빈국이나 개도국처럼 기술을 적용하기 위한 인프라가 충분하지 않다면 기술 적용 또한 적합한 솔루션은 아니기 때문이다. 사회 문제의 규모, 국가적 맥락, 동원 가능한 예산 등의 여건을 다방면으로 고려하여 적합한 솔루션을 결정·수용해야 할 것이다.

제4부

가상자산과 FUD

모금가가 현금이나 현물을 기부받는 것은 아주 흔한 일인데도 '이 기부, 받아도 될까?'라는 고민과 두려움에 봉착하기도 한다. 하물며 주식이나 부동산처럼 소유 형태가 복잡하고 매매 방식이나 계산이 어려운 기부 금품을 접할 때는 말할 것도 없다. 기부받은 자산에 대해 모금가가 느끼는 이러한 두려움, 의구심, 불확실성은 투자자가 투자자산에 대해 느끼는 이른바 FUD$^{fear, uncertainty, doubt}$와 다를 바가 없다. 스탠포드 소셜 이노베이션 리뷰에 실린 칼럼 〈현금이 늘 정답은 아니다$^{Cash\ Isn't\ Always\ King}$〉에 따르면, 최근 미국의 경우 개인 기부 자산의 유형 90%가 비현금성 기부이다. 그렇다는 것은 비영리 단체, 모금가들이 앞으로 새로운 자산에 더 자주 접근해야 할 것이며, 그때마다 또 다른 FUD에 직면하게 될 것임을 시사한다.

필자가 처음 가상자산을 알게 되었을 때에는 큰 관심이 없었다. SNS에서는 유명 정치인이나 유튜버 등이 가상자산에 대한 찬성 혹은 반대 의견을 말하고 있었는데, 한 편은 대중에게 투자를 부추기고 있었고, 다른 한 편은 실체도 없는 화폐에 투자하는 것은 바보 같은 짓이라며 호도하기도 했다. 필자의 의견은 두 의견 중에서는 투자자산으로서 보는 쪽에 가까웠다. 자산가들이 큰 수익을 기대하기기보다는 여윳돈을 굴리기 위한 수단으로 인식하고 있었는데, 더 이상의 관심은 두지 않은 채 잊고 있었다.

그렇게 잊고 있던 중 2022년에 암호화폐 모금 전략을 수립하라는 과제가 필자에게 갑자기 떨어졌다. 무엇부터 어떻게 시작해야 할지 막막했다. 돌이켜보면 암호화폐에 대해 너무 아는 것이 없어 두려웠던 것 같다. 잘 안다 하더라도, 이걸로 모금이 될지 확실하지 않았다. 게다가 매체 속 암호화폐에 대한 부정적인 시선에 알게 모르게 동조하고 있었으므로, 암호화폐를 그 가능성을 기대하기보다는 잔뜩 의심하는 눈초리로 보고 있었다.

암호화폐 모금 전략 수립 프로젝트를 진행하기 위해 관련 학습과 조사를 차츰 진행하면서, 처음에 내가 가졌던 이러한 심리를 FUD라고 한다는 것을 알게 되었다. 심리적인 영향에서 벗어나 객관적인 시각에서 이 프로젝트를 수행하는 데에 이러한 심리에 관한 용어와 개념을 이해한 것이 큰 도움이 되었다. 따라서 이어지는 10장에서는 독자 여러분에게 FUD의 개념과 여기에서 벗어나는 합리적인 방법에 대해 이야기하고자 한다.

그에 앞서 FUD와 관련한 몇 가지 용어부터 소개하겠다.

> **Tip. 용어 정의**
>
> **FUD**fear, uncertainty, doubt
> 두려움, 불확실성, 의심의 줄임말로, 암호화폐에 대한 몰이해에서 비롯된 부정적인 정서를 뜻한다.
>
> **FOMO**fear of missing out
> 놓칠까 봐 두려워하는 마음을 뜻하는 Fear Of Missing Out의 머릿글자를 딴 FOMO는 잠재적 수익성이 있는 투자 기회를 놓칠지도 모른다는 투자자의 두려움을 말한다.
>
> **HODL**
> 버티다는 뜻을 가진 hold의 오타, 혹은 소중한 생명을 위해 버티다Hold On for Dear Life의 줄임말로 투자자들이 가격 하락 시 자신을 팔지 않도록 동기를 부여하기 위해 사용하는 용어이다. 존버와 비슷한 의미다.
>
> **DYOR**
> 직접 알아보고 행동하라Do Your Own Research의 줄임말로 스스로 학습하고 투자를 결정하라는 뜻이다. 즉, 미래의 불확실성을 대비하여 판단할 수 있고 근거를 고민하는 능력을 키우는 것이다. 다르게 말하면 투자의 근거와 책임은 나에게 있다는 의미이기도 하다.

10장

가상자산에 대한 두려움

암호화폐와 FUD

FUD라는 단어는 언제 어디서 처음 쓰였을까? 메인 프레임 컴퓨터 설계자이자 기업가인 **진 암달**^{Gene Amdahl}이 1980년대에 이 용어를 대중화한 것으로 알려져 있다. 진 암달은 그 시대 IBM 영업 사원들이 경쟁사의 제품을 신뢰할 수 없는 것으로 묘사하기 위해 활용했던 마케팅 방식에 이 용어를 사용했다. 즉, 부정적인 감정적 반응을 일으키도록 설계된 거짓 정보를 전략적으로 공개하여 제품, 기술 또는 후보자에 대한 대중의 인식을 왜곡하려는 아이디어이자 전형적인 홍보 및 선전 전술이기도 하다.

FUD

암호화폐 분야에서 FUD는 두 가지로 볼 수 있다. 첫 번째는 나라는 주체가 가지는 **개인적 FUD**이다. 두 번째는 미디어를 통해 대중들이 가지는 **사회적 FUD**이다.

FUD의 종류

이 책에서는 암호화폐를 투자의 대상이 아니라 모금의 대상으로서 다루고 있기 때문에 투자자로서 갖는 FUD는 이 책에서 다루지 않으며 조직 내부의 주요 이해당사자인 모금가, 전략기획 담당자, 의사결정 리더로서 갖는 **개인적, 사회적** FUD를 다루고자 보고자 한다.

그러기 전에 우리는 FUD를 일상적으로 또는 여러 상황에서 다양하게 경험한다. 그 대표적인 사례를 보자면 먼저 코로나-19 백신 접종, 경쟁 업체 간의 과도한 신기술 마케팅이라 할 수 있다.

백신 접종
코로나19 팬데믹 기간 동안 나타난 망설임은 특히 새로 개발된 백신에 관한 것이었다. 코로나19 팬데믹 기간 동안 불확실성은 1) 백신 접종에 대한 적절한 이해 부족, 2) 백신 접종에 대한 불완전하거나 모호한 정보, 3) 상충되는 대안과 관련된 경우가 많았다. 백신 접종 반대와 찬성 사이에서 백신 접종에 대한 FUD의 감정은 가끔 사람들이 접종하지 않아도 안전하다고 믿는 행동을 하도록 부추길 수 있다. 의심이라는 것이 매우 감정적이고 균형있게 모든 정보를 확인하고서 선호도를 판단하는 것이 아니기 때문이다. 이 경우 잘못된 정보의 확산은 백신 접종을 반대하는 사람들에게 유리한 반면 공중 보건 이니셔티브에는 해를 끼치기도 한다.

과도한 기술 마케팅 활동
기술 마케팅 영역에서 FUD는 시장 선도 업체가 경쟁 업체의 시장 선점 우위에 대응하기 위해 사용하는 마케팅 전략이다. FUD 유도 캠페인은 일반적으로 고객에게 검증되지 않은 신제품으로 전환하는 경우 발생할 위험을 경고하고 자사 신제품의 이점을 알리는 동시에 경쟁사의 신제품 성능에 대

> 한 우려를 제기하는 등, 시장 지배 기업에 유리한 편향된 정보를 전파하는 전술을 사용한다. 아마도 여러분은 대기업들이 대놓고 광고 디스전을 펼치는 광경을 많이 보았을 텐데, 이는 대중을 FUD 전술에 노출시키는 방법 중의 하나인 것이다.

이렇듯 FUD는 방대한 정보 속에서 어떤 것이 진실이고 어떤 것이 잘못된 정보인지를 분별할 수 없는 혼란의 감정이다. 암호화폐에 대한 지식이 충분하지 않고 이에 대한 학습도 부족하여 암호화폐가 너무 어렵게 느껴지는 것 역시 FUD이다. 특히 난해한 신기술 영역으로서 전문 용어가 넘쳐나는 암호화폐는 부단히 학습하려는 노력을 스스로 기울이지 않으면 정확하게 이해하기 어렵다. 가상자산 모금을 이미 경험한 모금가들의 이야기를 들어보면, 이들이 암호화폐 모금 진행 초반에 느낀 FUD가 서로 매우 흡사함을 알 수 있다. 이들의 얘기를 들어보자.

"개인적으로 암호화폐에 대한 이해도가 높지 않아서 어려웠어요."

"어디서부터 시작해야 할지 몰랐고, 국가별로 규제가 다르다는데 누구에게 물어볼 사람도 없었지요. 법적으로도 회계적으로도 조직 내부에서 명확하게 조언을 해주는 사람도 없으니까요."

"암호화폐 기부를 받아 본 비영리 단체가 거의 없다 보니 받아도 될지 안 될지 조직 리더들도 쉽게 결정하지 못했어요."

"저희 모금 부서는 암호화폐 모금 준비를 해보고 싶었는데 협업 부서들과 동료들이 암호화폐를 바라보는 부정적 정서 때문에 저항이 높다 보니 사실 포기했죠."

"너무 방대한 정보와 기술적 용어가 많아 관련 업계 사람들과 만나도 그저 듣고만 있게 되어 답답했습니다. 누구 말이 맞는지도 모르겠고요."

요약하면 암호화폐에 관한 많은 정보들이 여러 미디어를 통해 소개되고 있지만 암호화폐 기술분야의 특수성, 전문 용어의 과잉, 너무 많이 생산되는 코인 종류 등에 압도되어 정확한 지식을 분별하기도 어렵다는 것이다. 이러한 정보들은 막연한 두려움과 불확실함을 가중시킨다. 따라서 **잘 모르니 아무것도 하지 않는 것이 최선**이라고 생각하고 싶을지 모른다.

게다가 비영리 단체는 책무성이나 윤리에 관한 문제도 고려해야 한다. 즉 사회적 시선과 평판에서 자유롭지 못하다는 뜻이다. 그렇기에 대중들이 가상자산을 어떻게 바라보고 해석하는지 파악해야 한다. 이는 전통 금융 분석가의 가상자산 및 기술과 자산 가치로서의 암호화폐에 대한 일반적인 회의론과 냉소주의, 그리고 관련 뉴스 내용이나 이벤트가 있는지로 확인할 수 있다.

FUD 해소 방법: DYORF

DYOR^{Do Your Own Research}는 어떤 자산에 투자할지 결정하기 전에 직접 광범위한 조사를 수행해야 한다는 의미의 투자 분야 용어이지만, 기부를 수락하기 전에 기부자에게 문의하거나 직접 확인하는 등 광범위한 조사를 수행하는 모금가의 스크리닝 과정과도 부합하는 용어이다. 특히 기부자가 기업이라면 당연히 해당 기업 지속가능보고서를 통해 기부 목적, 사회공헌의 전략 방향, 선호도 정도는 확인해야 하니 말이다. 그래서 이 책에서는 DYOR에 모금^{fundraising}의 머리 글자 F를 붙인 DYORF$^{Do\ Your\ Own\ Research\ and\ fundraising}$를 사용함으로써 암호화폐에 국한하지 않은 모금가의 기본적 자세로서 조사와 확인의 중요성을 강조하고자 한다.

예전 암호화폐 모금을 부정적으로 생각하거나 거부하는 담당자들을 만나 그 이유를 물어보면 조직의 무관심, 자금 세탁이나 사기 우려, 높은 변동성으로 인한 리스크 등을 언급한다. 하지만 그들 중에 암호화폐 관련 서적을 한 권이라도 읽어보거나 암호화폐 시장에 관해 직접 제대로 알아보려 노력하는 사람이 한 명이라도 있었을까? 그러니 그들이 언급한 문제들을 해결할 수 있는 솔루션이 있는지 알아봤을 리 만무하다. 그냥 FUD 상태로 머물러 있는 것이다. 그 반대로 소위 크립토 펀드레이저 1세대라 칭할 수 있는 몇몇 모금가들과 대화를 하다 보면 그들은 암호화폐 종류와 특징, 모금 사례, 관련 법률, 회계 처리 방법이나 다양한 현금화 전략 방법 수립, 글로벌 사이트를 수시로 검색하여 암호화폐의 순위와 가치를 계속해서 추적하고 있었다. 결국 직접 알아보고 암호화폐 생태계 이해관계자들과 네트워킹하며 물어보고 또 물어보는 것, 학습하는 것이 가장 두려움을 없애고 위험을 상쇄하면서 기부를 받을 수 있는 방법이다.

DYORF 적용해 보기

블록체인과 암호화폐 개발자는 아니더라도 최소한의 이해도는 갖춰야 하기 때문에 담당자로서 자기 학습은 당연하다. 개념에 대한 이해 없이는 전략 수립 시작은 물론 내부 설득도 어렵기에 아래 단계별로 진행하거나 외부 암호화폐 문의 수위에 따라 대응하기를 제안한다.

1단계. 학습 및 자료 조사

- 블록체인 기술이나 암호화폐 투자, NFT 발행 방법 등에 관한 책을 읽는다.
- 업비트, 코빗 등 가상자산 거래소의 리서치 센터에서 발행한 자료를 찾아 읽어본다.
- 기빙블록과 같은 글로벌 암호화폐 사이트에 들어가 살펴보고 여기에서 발행하는 뉴스레터를 구독한다.
- 특정 코인을 발행한 주체의 웹사이트를 찾아 읽어보고, 해당 주체의 대표자에 대해서도 검색해 본다.
- 커스터디 업체나 가상자산 거래소와의 네트워킹을 통해 유용한 정보를 확보한다.
- 가상자산에 관한 외부 교육이나 세미나, 포럼 등에 참석하여 동향을 파악한다.
- 「가상자산 이용자 보호 등에 관한 법률」(약칭: 「가상자산이용자보호법」)이나 금융위원회의 「NFT 가상자산 가이드라인」 등 관련 법령이나 규정을 학습한다.

2단계. 실사(Due Diligence) 및 암호화폐 기부 가이드라인 수립

- 개인 기부자와 기업 기부자에 대해 각각 별도의 기부 가이드라인을 수립한다.
- 개인 기부자가 암호화폐를 기부하려는 목적이나 자산 형성 과정에

대해 인터뷰한다.
- 개인 기부자 및 기업 기부자가 다른 비영리 단체에도 기부를 문의했는지 등을 확인한다.
- 기부자가 기부하려는 암호화폐의 종류와 가치 등을 파악한다.
- 기부 예정인 암호화폐를 현금화할 수 있는지, 가능하다면 수수료는 얼마인지 등을 협력 업체를 통해 확인한다.
- 조직 내에 합의된 암호화폐 기부 수용 지침이나 회계 처리 기준 등을 마련한다.

3단계. 기부 수락과 거절
- 가상자산 거래소에서 활발하게 거래되는 암호화폐를 기부받아 본다.
- 단체 내에 암호화폐 기부 플랫폼을 구축하기보다는 파트너십을 통해 기부를 받거나 캠페인을 진행한다.

불확실성에 대한 두려움의 감정은 반드시 배제돼야 할 성질의 것만은 아니다. 때론 두려워하는 생각 때문에 좀더 세심하게 주의하고 경계하고 대책을 세울 수 있는데, 이런 대책은 조직의 안전망을 구축하는 데 도움이 된다. 하지만 FUD가 조직의 발전과 모금가로서의 도전을 저해한다는 것도 알아야 한다. 이 두려움에 맞서 도전을 시도했던 많은 개인과 사회적 조직들은 처음에는 실패를 거듭했어도 결국 발전을 이뤄 성공하였다. 불확실성에도 불구하고 가상자산을 기부 받기로 최종 결정하는 일은 비영리 단체의 장과 모금 리더들의 몫이겠지만, 1차적인 조사를 통해 불확실성을 낮춤으로써 결정을 수월하게 만드는 일은 실무자의 몫이다. 구체적인 방법으로 모금가로서의 개인적 FUD와 조직의 FUD를 최소화하고 모금까지 이어지게 하는 것이 DYORF이다.

Do your own research and fundraising!

제5부

가상자산 모금 도입 실무

모든 비영리 조직은 매년 새로운 사업 계획을 수립하면서 모금액을 상향 설정한다. 모금 부서장으로서 가장 고민스러운 것은 '레드 오션인 모금 시장에서 어떻게 새로운 모금 기회를 발굴할 수 있을까?', '어떻게 기존 모금 채널 외에 새로운 재원으로 모금 확장을 할 수 있을까?'이다. 2022년에 당시 암호화폐가 가치가 높아지고 국제개발NGO들이 인도적 지원에 있어 적극적으로 암호화폐를 모금하여 활용하고 있다는 것을 알고 있었지만, '국내 비영리 단체가 내부적으로 암호화폐를 잘 이해하고 받으면서 적극 활용할 수 있을까?', '잘 알지 못하는 암호화폐 시장 속으로 모금을 해보겠다 무모하게 뛰어들면 결국 장렬하게 전사하는 것은 아닌가?'라는 두려움이 툭 튀어 올랐다. 암호화폐를 이해하고 학습하더라도 도대체 잠재 암호화폐 기부자들을 어디 가서 찾아야 할지 막연했다. 무엇보다 이사회, 협업 부서와 모금 부서원들에게 어떻게 필요성을 알리고 설득할지를 생각하니 머리가 아프기 시작했다. 사실 고백컨대 이런 새로운 도전을 왜 하는지라는 생각을 하면서 허공에 손을 휘두르며 여러 잡생각과 말풍선들을 지우는 웃픈 모습도 한두 번이 아니었다. 못할 이유와 안되는 현실은 뒤로 하고 몇 가지를 정리하며 가상자산 모금 전략을 세웠고, 그 당시 좌충우돌했던 것을 떠올리며 5부를 쓰기 시작한다. 내가 어디서부터 더듬어 갔는지, 잘 가다 왜 막히고 미처 몰랐는지 등등 쭉 정리하며 현재 가상자산 모금을 전략화하고 검토하고 있다면 소개해 드리는 방식과 흐름으로 최대한 준비하기를 제안한다.

    모금은 역시나 나 혼자만 잘한다고 되는 것이 아니기에, 단체에 가상자산 모금을 새롭게 도입하려는 임원진, 전략 부서 및 신규 사업 기획자, 모금 실무자 등을 대상으로 어떻게 준비하고 실행할지 경험을 바탕으로 유용한 팁과 실천 방안들을 소개한다.

11장

시작하기

모든 일은 시작과 끝이 있다. 막연함을 넘어 새롭게 도전하는 일들은 그 과정 속에서 어려움에 봉착하게 되는데, 이것이 해결되어 안도감을 느끼는 시간은 매우 짧다. 그렇기에 지쳐가는 자신을 끊임없이 일으켜야 한다. 사실 암호화폐 모금만이 아니라 어떤 모금 프로그램이라도 조직 내부에 왜 해야 하고 장단점이 무엇인지를 설명하고 거듭 보고하며 부서별로 어떤 난관이 있을지를 알려야 한다. 만약 새롭다 못해 혁신적인 암호화폐 모금을 해보겠다 마음먹었다면, 매우 낯선 분야에 대해 내 옆 동료들과 팀 리더에게, 또는 협업 부서에 적극적으로 설명하는 것부터 시작해야 한다. 어쩌면 본인 스스로가 왜 이 일을 해야 하는지 자기 설득부터 시작해야 할지도 모른다. 함께 모색하는 것은 긴 호흡과 인내를 필요로 하기 때문이다.

그럼, 일을 본격적으로 하기 전에 우리 조직 맥락에서 볼 때 가상자산 모금을 한다면 누구라도 가장 궁금해하거나 우려할 부분이 무엇일지 질문 몇 가지를 던져보자. 우리 조직이 왜 가상자산 모금을 도입해야 하는

가? 우리 조직은 이런 혁신적 모금 방법을 수용할 가능성이 매우 높은 조직인가? 만약 새로운 방법론을 도입하여 모금한다면 조직 내부에서의 장애물을 어떻게 하면 뛰어넘어 실행해 볼 수 있을까?

조직의 명분 만들기

암호화폐 모금은 절대 모금 부서 단독으로 할 수 없는 일임을 강조하고 싶다. 함께할 동료와 지원군을 모으는 방법을 강구해야 한다. 가상자산 모금은 온·오프라인을 기반으로 IT 기술적인 요소들이 더 많이 포함되고 검토되어야 하며, 어떻게 비영리 회계 내에서 적절히 적용할지 회계적인 이슈들을 해소해야 한다. 즉, 경영 지원(회계, 경영 전략) 부서, 모금 부서, IT 부서 등 이 전체가 연결되는 하나의 큰 프로젝트이다. 단체의 모금 규모, 상황, 미션 및 비전 등에 따라 다르기는 하지만 새로운 모금 전략을 선택하는 동기는 대체로 다음과 같다.

사회 문제 해결에는 자본 즉, 추가 기금 확보가 필요하다

비영리 단체가 해결하고자 하는 사회 문제는 다양하다. 현재의 기금 규모로도 지금까지 사업을 그럭저럭 잘 수행하고 이끌어 왔지만, 우리에게는 언제나 추가 기금 확보의 필요성이 있었다. 단체별 사업 수행 및 확장성을 위함도 있겠고 유연한 기금 확보를 위함도 있겠다. 사회 문제 해결이나 단체 사명 실행을 위해 현재 기금보다 더 추가된 기금을 확보해야 함은 그 어떤 다른 것보다 더 강한 동기가 된다.

신규 기부자 풀^{pool}을 개발해야 한다

여러 모금 프로그램, 캠페인 등을 내부 후원자, 봉사자 등을 대상으로 동일하게 알리고 참여를 요청해 왔다. 결국 모금은 기존에 단체가 보유한 데이터에서 새로운 일시 및 정기 후원자 데이터를 확보하고 타겟하는 방법으로 접근해야 함을 우리 모두 이미 잘 알고 있다. 다만 그 길을 헤매고 있거나 몰랐기에 시도조차 쉽지 않았을 뿐이다. 하지만 암호화폐 자산가들이 새롭게 등장했는데 이들이 꽤 고액 자산가이며 MZ, 잘파^{Zalpha} 세대들이 암호화폐를 매우 유용한 투자 수단으로 이해하고 참여하고 있다. 따라서 비영리 조직의 새로운 잠재 후원 DB를 확보하기 위한 방법으로서 가상자산 모금 도입의 투자 가치는 매우 높다고 할 수 있다.

혁신적 모금 방법론을 찾아야 한다

경영진은 혁신적인 모금 방법론, 특히 새로운 도전을 매번 이사회에 입증해야 하는 요구를 받고 있기도 하다. 기존의 모금 활동에 비해 암호화폐 모금 전략은 혁신성과 확장성 요소가 포함되어 있을 뿐만 아니라 재정적 수익 창출까지 할 수 있다. 정기 후원 확보, 이탈률 방어, 유지율을 목표로 하는 것이 언제나 최우선일 수는 없다. 여기에 투입되는 모금 마케팅 예산을 매년 증액할 수도 없기 때문이다.

미래를 준비하자

2023년 SEC가 현물 ETF 시장에 비트코인을 도입함으로써 어찌 보면 암호화폐를 투자 가치가 있는 자산으로 인정하기 시작했다. 또한 블록체인, 디지털 자산 도입을 적극적으로 검토하는 국가들은 이미 법정통화의 디지털 화폐로의 전환을 추진 중이다. 여러 나라에서 암호화폐가 자산 시장에서 투자 대상으로 고려되어야 할 자산으로 인정되며, 금융 회사들은 투자 포트폴리오에 암호화폐를 집어넣고 있다. 이때 우리 비영리는 무엇을 어떻게 준비해야 할까? **지금의 모금 방법**으로는 이 새로운 재원을 빠르게 확보할 수 없으며, 사회 문제 솔루션을 가져오기 쉽지 않을 수 있다. 아니, 어찌 보면 우리가 그 주체가 아닌 주변인으로 머무를 수밖에 없게 될지도 모른다. 새로운 미래를 구상하고 있다면 디지털 자산을 이미 보유하고 있는 기업, 디지털 자산 투자를 준비하는 금융 기관, 크립토 고액 자산가들이 어떻게 디지털 자산을 기부하도록 할지 준비해야 할 것이다.

조직의 역량 평가하기

모든 조직마다 혁신 기술 선택에 있어 보유하고 있는 전문성과 현상을 유지하려는 힘은 각기 다르다. 하지만 가상자산 모금을 고려하는 것은 조직이 앞으로 나아가야 하는지의 문제가 아니라, 언제, 어떻게 모금전략에 가상자산을 통합할지 전략적으로 결정하는 문제이다. 우리 조직은 새로움에 도전할 역량을 보유하고 있는지, 혁신의 수용성은 어느 단계에 있는지 나름 평가해 보는 것도 가상자산 모금 준비에 도움이 된다. 내가 생각하는 조직의 역량과 여러 협업 부서, 동료들, 경영진들이 생각하는 역량 사이의 갭도 확인하고 이를 보완해가며 협업을 이끌어낼 수 있기 때문이다. 그리고 넘어야 할 장애물이 무엇인지도 확인할 수 있다. 다시 한 번 강조하면 혼자만의 급발진은 어느 누구에게도 도움이 되지 않는다.

조직에서 새로운 기술 기반의 모금 방법을 도입하고 채택하는 편인지는 내부 구성원들이 더 잘 인지하고 있다. 온라인 모금에 디지털 기술 도입 정도와 인력 투입, 투자는 어느 정도 하고 있는지, 가상자산 모금의 가치와 이해에 대해 구성원들은 어느 정도의 수준인지를 파악해야 조직의 가상자산 모금 역량을 이해하기 위해 시간이 얼마나 필요할지 예측할 수 있다. 이러한 혁신성 채택률이 어느 정도일지는 사무처 최고 의사 결정자, 경영 지원 부문의 태도 및 관점을 파악하는 것도 도움이 된다. 만약 새로운 기술에 대한 조직의 개방성이 크지 않아 가상자산 모금 도입의 허들이 너무 높다면 근본적인 장애물들을 해소하기 위한 조사부터 시작해야 한다. 가상자산을 도입하기 위해 결제 시스템을 어떻게 붙여야 하고 회계 관리는 어떻게 해야 하는지, 누가 질문할 것이고 집요하게 물고 늘어질지, 사실 잘 알고 있지 않은가.

분명한 것은 아무리 미래지향적인 비영리 단체라 하더라도 새로운 이니셔티브를 추진하기 위해서는 명확한 의사소통과 조직적 지원이 필요하다는 것이다.

- 우리 조직이 모금과 사업에 기술과 혁신을 선택하는 경향성을 파악한다.
- 우리 조직이 혁신적 기술을 받아들임에 있어 장애물이 무엇인지 파악하고 이를 해결하기 위한 순비가 필요하다.

이러한 혁신성을 파악하기 위해 조직 내부적으로 정말 많은 검토와 질문이 필요하다.

조직의 미션과 가치에 맞게 조율하기

조직이 새로운 모금 프로그램·캠페인을 런칭하는 전략적 의사 결정을 내릴 때에는 조직의 사명, 비전, 정체성 등을 확장할 수 있는 기회 요소를 고려하게 된다. 예를 들면 모금의 규모가 커지면 우리 조직의 미션을 수행할 수 있고, 이때 수혜자를 위한 빠르고 긍정적인 변화를 견인하고 행동할 기회가 넓어짐을 의미한다. 비영리 조직들이 가상자산 모금 역시 이러한 기회 요소로 바라보는 것이 매우 중요하다.

가상자산 모금의 필요성을 조직 사명과 연결시키고, 가상자산 모금을 통한 사업 결과의 임팩트 측정 및 수행 프로세스 설정 등을 고려해야 한다. 이러한 작업을 바탕으로 가상자산 모금 전략 필요성을 설명하면 모든 조직구성인이 가상자산 모금 필요성을 이해하는 데 도움이 된다. 즉 사회 문제 해결이나 단체의 미션을 수행하는 방법으로 혁신 기술을 활용하는 경우에 조직의 학습력, 적응력, 혁신성을 높이는 데 도움이 된다는 내용을 포함하면 이것이 더 유리한 설득 포인트가 될 수 있다.

Check Point
- 우리 조직의 주요 전략 과제, 3개년 계획 등 파악
- 블록체인 기반 기술 또는 가상자산과 조직의 주요 과제와의 연계성 분석
- 조직의 주요 전략과 과제에 혁신적 기술 학습과 도입 여부 분석

전략적 우선순위 이해

모금가들이 가장 수월하게 조직의 설득과 이해를 구하는 접근 방법은 소속된 기관의 전략적 우선순위와 모금 전략을 잘 맞추는 것이다. 전략적 우선순위와의 정렬align은 새로운 개념의 기술을 모금이나 사업에 접목하는 데 필요한 조직 내부 지원을 확보하는 핵심 요소이기 때문이다. 그렇다면 각 조직의 전략적 우선순위를 어떻게 파악할 수 있을까? 그건 중장기 혹은 연간 계획서 같은 조직의 주요한 문서를 정리하는 프로세스에서 찾을 수 있다.

조직의 전략적 우선순위에 추가 자금 조달, 수익원 다각화, 신규 모금 기회 확보, 신규 기부자 데이터 개발 또는 혁신적 솔루션이 포함되어 있다면 암호화폐 모금 프로그램은 기존 사업의 자연스러운 확장으로 간주될 수 있다. 어떤 조직이든 혁신적이며 새로운 기술이나 방법을 적용할 때 전략적 계획을 전면적으로 수정하는 것을 매우 부담스러워한다. 그렇기에 조직의 기존 전략적 우선순위를 지원할 수 있는 방법으로 암호화폐 모금 프로그램을 수립하고 설득하는 것이 더 쉬울 수 있다.

전략적 우선순위와 암호화폐 모금 프로그램의 정렬을 맞추고 이를 평가해 보는 시간을 가지면서 필요한 리소스와 시간을 정당화하고 안정적으로 해당 모금 프로그램 수행을 시작할 수 있다. 만약 암호화폐 모금 프로그램의 목표가 조직의 전략적 우선순위와 근본적으로 어긋나면 조직 내부 및 협업 부서의 구성원들은 암호화폐 모금 프로그램의 가치와 의미를 파악하기 어려울 것이다.

Check Point
- 새로운 개념의 기술지원 확보의 핵심요소는 소속된 조직의 전략적 우선순위와 정렬하는 것이다.
- 우리 조직의 전략적 우선순위에 자금 조달의 추가적 필요와 수익원 다각화, 신규 기부자 개발 또는 혁신성 촉진이 포함되어 있다면 암호화폐 프로그램은 기존 사업의 자연스러운 확장으로 간주될 수 있다.
- 암호화폐 모금으로 조직의 기존 전략적 계획을 전면 수정하기보다 암호화폐 모금으로 조직의 우선순위를 효과적으로 지원할 수 있는 방법을 찾는 것이 내부 설득에 있어 가장 영리한 접근이다.

경영진 지원 확보

경영진 지원은 암호화폐 모금 프로그램의 성공 여부를 결정하는 데 중요한 역할을 한다. 경영진의 지원 요청을 준비하려면 그들이 고려하는 조직의 주요 전략적 관심사를 해결하는 것부터 시작해야 한다. 암호화폐 모금 프로그램을 구현하고 실행하는 데 필요한 사항과 예상되는 이점에 대해 명확하게 설명해야 한다. 우리 단체 경영진의 가장 시급한 관심사는 무엇일까? 이 질문에 대한 답을 알고 있다면 무엇에 중점을 두어 암호화폐 모금 프로그램을 구체화할지를 결정하는 데 도움이 된다. 나의 경험에 비춰보면 경영진들은 보통 기술 자체보다는 암호화폐 모금을 통한 자금 조달 가능성에 더 관심을 가지며 가장 우려되는 사항을 어떤 방법으로 얼마나 해소할지에 대한 계획을 궁금해한다. 여기에서 우려되는 사항에는 소요되는 인력과 비용, 보안, 브랜드 평판 등이 포함된다.

암호화폐 모금 프로그램을 준비하는 실무자가 조직 내에 누구를 청중으로 할지 파악하고 있다는 것은 무엇을 하고 있는지 정확하게 이해한다는 것을 의미한다. 몇 가지 질문을 하고 싶다. 여러분은 지금 신규 암호화폐 연관 프로젝트에 대해 알리고 있는가? 아니면 승인을 요청하고 있는가? 가장 실수하는 것은 일을 하게 해달라고 허락을 구하는 것이다. 만약 암호화폐 모금이 기부금을 더 많이 모으고 혁신의 진전됨을 여러분이 확신한다면 이러한 변화를 보다 강화하기 위해 무엇이 필요한지를 강조하는 데 집중해야 한다. 그렇기에 승인보다 지원을 요청하는 방법으로 접근해야 한다.

Check Point
- 경영진의 가장 시급한 관심사는 무엇인지 파악하라.
- 경영진 지원을 확보하는 것이 매우 중요하다.
- 경영진이 블록체인 기술보다 암호화폐의 모금 가능성에 더 관심을 갖게 하라.
- 이사회, 경영진들의 질문에 답할 준비를 하라.

암호화폐 워킹 그룹 구성하기

조직의 규모, 인력, 상황에 따라 암호화폐를 기부받는 업무를 어느 한 팀에서 전담할 수 있거나 혹은 전담해야 하는 경우라도, 워킹 그룹을 꼭 구성하여 조직 내 협업 체계 안에서 과제를 완성해 내기를 추천한다. 여기에서 워킹그룹이란 암호화폐 모금의 도입이나 도입 후 실무를 담당할 유관 부서의 회의체라 할 수 있다. 이 워킹 그룹을 통해 암호화폐 기부 프로그램 전략 수립 및 실행에 대해 접근한다면 많은 이점이 생길 수 있다. 신중하게 구성된 워킹 그룹은 밑에서부터 적절한 사람들을 한데 모았기 때문에 지원을 확보하는 데 효과적일 수 있다. 예를 들어 모금 프로그램 운영 측면의 모든 주요 당사자들이 참여하고 있다면 임원진들이나 이사회 구성원들에게 접근하는 것이 더 용이할 수 있다. 그렇다면 워킹 그룹은 어떻게 구성해야 할까?

시작 단계에서 경영과 전략을 담당하는 부서가 워킹 그룹을 구성한다면 암호화폐 모금이 힘을 받는 데 훨씬 도움이 된다. 암호화폐 모금 프로그램의 궁극적인 목표는 기금 확보이므로, 가장 이상적인 구성은 워킹 그룹에 재무 및 모금 담당 부서의 책임자를 반드시 포함하는 것이며, 만약 이것이 어렵다면 전략기획 담당자와 모금부서 주요 담당자들 주도로 시작해도 괜찮다. 이유는 암호화폐 모금 과정에서 해결해야 할 난제들이 많기 때문이다. 워킹 그룹에 반드시 참여해야 할 담당자는 암호화폐 기부가 실행되었 때 업무에 직접적인 영향을 받는 실무 담당자와 암호화폐 모금 캠페인과 매칭될 사업 담당자이다. 가능하다면 기금 부족으로 인해 사업이 중단될 상황에 놓인 사업 담당자가 참여해도 좋다. 워킹 그룹을 이렇게 구성하지 않으면 새로운 전략적 모금 방식의 도입 결정 과정에서 실무진의 목소리가 잘 담기지 않을 가능성이 높은데, 이와 같은 구성은 향후 실제 일을 수행해야 하는 직원이나 팀·부서원들의 거부감을 줄이고 방어 기제나 저항감을 감소시킬 수 있는 방법이기도 하다. 또한 암호화폐 모금 프로그램 아이디어를 내놓고 신사업 기획이나 모금 아이디어를 가져온 실질적인 담당자의 노력을 지지하고 지원받는 데에도 큰 도움이 된다. 이런 과정 속에서 워킹 그룹 내 복수의 구성원들은 조직 내부에서 가상자산 모금을 위한 지원 방식과 프레임워크를 제안하기 위해 다양한 관점을 함께 만들고 가상자산 모금에 우호적인 목소리를 내는 스피커 역할을 해줄 것이다.

새로운 시도에 앞서 워킹 그룹을 만들고 명확한 업무 범위와 규칙, 조건 등을 정리 후 합의점을 만들어야 워킹 그룹도 순항할 수 있다. 예를 들면 아래와 같은 기본적 구성이 도움이 된다.

- 암호화폐 모금 및 전략 수립 시 반드시 워킹 그룹을 구성하라.
- 재무, 모금 책임자는 필수이며, IT, 후원 관리 부서, 사업부서 등도 반드시 포함해야 한다.
- 모든 사람이 함께 참여하고 함께 결정하므로, 실무적인 거부감을 줄이고 리더로부터 노력에 대한 지지를 받을 수 있다.
- 워킹 그룹의 목적, 실무 범위, 실무 구성에 관한 내용을 담은 〈가상자산 모금 워킹 그룹 업무 계획서〉를 작성하라.

가상자산 모금 워킹 그룹 업무 계획서

1. **워킹 그룹 목적**
   가상자산 모금 워킹 그룹은 암호화폐, NFT 등 가상자산 모금 전략을 수립하며, 모금 프로젝트를 개발하고 실행한다.
2. **워킹 그룹 실무 범위**
   - 가상자산 모금 전략 수립 및 내재화
   - 가상자산 모금 프로그램 지원에 필요한 정책 및 프레임워크(로드맵) 제언
   - 가상자산 모금 프로그램 계획 및 실시
   - 내부 직원들에게 가상자산에 관한 기초 교육 실시
   - 주요 사례 분석 및 공유

- 진행 상황 공유 및 성공 사례 강조 등

3. **워킹 그룹 구성**
    - 모금 부서 및 재무 부서 책임자급을 반드시 포함
    - 직접 영향을 받는 실무자 포함 가능(모금, 사업 부서 등)
    - 워킹 그룹의 장은 구성원이 결정하기를 추천함

4. **워킹 그룹 업무 원칙**
    - 업무 범위에 따른 워킹 그룹 지속 또는 운영 기간 결정
    - 미팅 시기 및 빈도, 시간, 내부 보고·공유 방식 등 결정

12장

워킹 그룹 실무 준비하기

우리 조직이 가상자산 모금 도입 가능성이 큰 조직인지를 자체 평가하고, 조직 내부의 장애물을 뛰어넘고 구성원을 설득하여 가상자산 모금을 실행해 볼 방법을 모색한 다음, 실전을 준비하는 기초 단계를 앞서 소개했다. 아마도 왜 굳이 암호화폐를 기부받으려 하는지, 왜 도입해야 하는지 다양한 질문들이 쏟아지고 여러 반대에 직면할 수 있다. 그래도 시작했다면 바로 준비하는 단계로 들어가 보자. 이제 가상자산 모금을 위한 워킹 그룹과 지침을 마련하고 이에 따라 가상자산 모금을 어떻게 준비할지 살펴볼 수 있다.

준비 1. 조직의 질문에 대비하기

암호화폐에 대한 조직의 이해 수준에 따라 나올 수 있는 질문은 천차만별이겠지만, 조직 전반의 이해 수준이 높은 비영리 단체는 아직 없는 것 같다. 그렇기에 먼저 질문을 준비해야 한다(모두들 내가 아는 만큼 알지는 못하니 말이다). 앞서 소개한 가상자산 모금 워킹 그룹 업무 계획서 외에 워킹 그룹의 목적과 활동 범위를 조직 내에 알리기 위한 간단한 브리핑 자료를 추가로 만들 필요가 있다.

> **예상 질문 준비**
>
> 1. **실행 계획 목적 및 개요**
>   - 우리 조직은 새로운 기부자·커뮤니티를 확보·연결하고 글로벌 사회 문제 해결을 위해 암호화폐를 기부받기 위한 준비를 추진한다.
> 2. **실행 준비 예상 질문**
>   - 암호화폐는 무엇이며 우리 조직과 어떤 연관성이 있는가?
>   - 우리 조직의 전략이나 가치와 정렬되는 암호화폐 모금 전략을 어떻게 수립할 것인가?
>   - 암호화폐 모금의 예상되는 장·단점과 위험은 무엇인가?
>   - 암호화폐 기부를 받기 위한 비용은 얼마나 소요될 것인가?
>   - 암호화폐 모금 프로그램이 구현되는 결과물은 어떤 모습인가?
> 3. **향후 준비 단계**
>   - 워킹그룹 구성하기

준비 2. 질문의 답변 톺아보기

암호화폐 모금 프로그램을 도입했거나 도입을 검토 중인 단체들의 담당자에게 물어보면, 이들이 받은 질문들 사이에는 공통된 것이 많았다. 그중에서도 '우리가 직접 기부를 받으려면 어떻게 해야 되느냐?'는 질문이 생각보다 많았다. 필자가 이들을 만나 공통되게 받은 질문과 개인 경험을 기반으로 조직 내 의사 결정자 및 기타 이해관계자와 이야기를 할 때 나올 법한 질문들, 그에 따른 답변들도 정리해 보았다.

Q. 암호화폐 기부를 받게 되면 기부금은 얼마나 들어올까요?

"불특정 다수를 대상으로 온라인 모금을 오픈한다 하여 자동적으로 기부금이 입금되는 것이 아닙니다. 여러 모금 마케팅이 동시에 함께 수행돼야 합니다. 암호화폐 모금도 동일하게 바라봐야 합니다. 암호화폐를 기부받기 위해 기부 플랫폼을 개발하는 것은 모금 채널이 추가적으로 하나 더 생기는 것을 의미합니다. 즉 모든 모금 프로그램에서 필수적인 일반 마케팅 활동, 홍보 및 기부자 감사, 결과 보고 등의 요소가 암호화폐 모금 프로그램에도 똑같이 적용되어야 한다는 것입니다. 현재 국내에 구체적인 가상자산 규제가 없기에 국내 사례를 통해 암호화폐 기부금 규모를 파악하는 것은 무의미합니다. 지금의 암호화폐 모금 프로젝트는 향후 발생할 기회를 준비하기 위한 것이라고 이해하는 것이 좋습니다. 세계적인 가상자산 기부 규모와 추이, 기부자의 기부 동기 등을 파악하려면 글로벌 암호화폐 기부 플랫폼인 기빙블록이 발간하는 연차 보고서 등을 참고할 수 있습니다."

Q. 암호화폐를 기부 받으면 어떤 기회가 생기나요?

"암호화폐 기부 시스템이 구축되면 암호화폐를 기부하기를 원하는 기부자는 지체 없이 기부할 수 있습니다. 암호화폐 기부 시스템이 구축되어 있으면 우리 단체가 얼리어댑터로 포지셔닝되며, 주요 크립토 커뮤니티를 활용한 모금도 가능해집니다. 또 다른 기회이자 이점은 우리 단체가 목표로 하는 사회 문제 해결을 위해 새로운 기술을 배우고 채택할 수 있는 역량을 구축함으로써 미래에 대비할 수 있는 기회를 얻게 된다는 것입니다."

Q. 암호화폐를 기부 받으려면 비용은 얼마나 소요되나요?

"암호화폐 기부 시스템을 구축하는 방법에 따라 비용이 달라집니다. 국내법상 제약 등을 고려했을 때 가능한 방법은 세 가지입니다. 첫째, 암호화폐 플랫폼 활용으로, 담딩자의 피, 땀, 눈물대신 플랫폼에 수수료를 지불해야 합니다. 둘째, 암호화폐 기부 시스템을 직접 개발하여 운영하는 것입니다. 세번째는 가장 단순한 방법으로 기부자가 현금으로 바꾸어 기부하는 것이다. 하지만 이 방법으로 암호화폐 모금을 조직 역량으로 내재화하기는 불가능할 것입니다."

Q. 암호화폐를 기부 받을 때 고려해야 할 리스크는 무엇인가요?

"어떤 프로젝트라도 위험이 수반되지 않는 것은 없습니다. 따라서 위험이 있다고 해서 하지 말아야 하는 것이 아니라 어떻게 하면 이를 최소화하면서 기회가 주는 이점을 극대화할 수 있을지를 생각해야 합니다. 암호화폐 모금에 따른 일반적인 위험과 그에 대처하는 방법은 다음과 같습니다.

- **암호화폐의 변동성**

    현금이나 현금성 자산이 아닌 모든 자산에는 변동성 위험이 있습니다. 여기에서 말하는 변동성은 하락뿐만 아니라 상승도 포함됩니다. 암호화폐가 변동성이 큰 편이나 여기에만 국한된 특징은 아닙니다. 변동성 위험은 기부자 관점에서 판단하는 것이 좋습니다. 기부받은 후 가치가 오를 수도, 내릴 수도 있지만, 비영리 단체는 가치 하락으로 인하여 기부자의 기부 가치에 손상이 발생하지 않도록 대비하는 것을 우선시해야 합니다. 어떤 비영리 단체도 이렇게 하는 경우는 없겠지만 기부받은 후 가치 상승을 예상하여 차익을 추구하고자 보유하는 행위는 기부자가 이를 원하지 않는 한 기부 가치 손상 가능성을 무릅쓰는 것으로 윤리적이지 못할 뿐 아니라, 예상과 달리 가치가 급락한 경우 단체는 금전적 손실은 물론 단체의 평판 훼손이라는 브랜드 리스크도 감수해야 합니다. 그렇기에 기부자가 원하지 않으면 기부 받은 후 가능한 가장 빠른 시점에 매도하는 기부 가이드라인 및 정책을 수립하고, 이미 수립되어 있다면 이를 충실히 따라야 합니다.

- **브랜드 리스크**

  단체가 암호화폐와 연관되는 경우 이것이 브랜드 위험을 초래할 수 있다는 인식이 있을 수 있습니다. 그러나 암호화폐는 더 이상 어둠의 자산이 아니라 제도권 자산 시장에서 인정받는 엄연한 투자자산입니다. 2024년 1월 세계 최초로 미국 증권거래위원회는 11개의 비트코인 현물 ETF를 승인하였습니다. 국내 전문가들도 가상자산을 주제로 하는 포럼 등에서 엄연한 투자자산임을 기정사실화하면서 이에 대한 규제 현황을 설명하고 규제 완화를 주장하고 있습니다. 국내외 통적으로 암호화폐 시장은 이제 전통 자산 시장에서 인정받고 받아들이고 있는 추세에서 성장 가능성은 점점 높아지고 있습니다. 글로벌 국가별 규제는 점차 완화되어 가고 있고, 기업들도 가상자산 시장에 이미 진입하거나 준비하고 있어 더 이상 비주류 기술에 머물러있지 않다는 뜻입니다. 특히 브랜드에 피해를 줄 수 있는 개인, 기업, 재단, 정부 또는 다른 조직의 기부금으로 인해 발생하는 윤리적 또는 평판 문제가 우려되는 경우 우리 조직 내에 기부금 수용 가이드라인 및 승인 절차를 잘 갖추고 운영하면 됩니다."

Q. 기부금 영수증 발행이 가능합니까?

"이미 암호화폐 국제 기부 플랫폼에서는 많은 기부를 받고 기부금 영수증을 발급합니다. 국내에서도 기부금 영수증을 발행한 사례가 있습니다. 다만 국제 모금 플랫폼 등을 이용할 때는 그 플랫폼이 위치한 국가의 법률에 따라 해당 국가의 국민이 기부한 암호화폐에 대해서만 기부금 영수증 처리가 가능합니다."

Q. 익명 기부도 가능한가요?

"익명 기부를 받을지에 대해서는 단체가 결정할 수 있습니다. 우리 조직에서는 이에 대한 방침이 이미 잘 확립되어 있어 큰 문제가 되지 않습니다."

Q. 기부된 암호화폐를 당장 현금화하기보다는 보유하고 있으며 이를 운용해야 하나요?

"기부자가 기부한 암호화폐를 특정 이유로 인해 비영리 단체가 일정기간 보유하기를 원하거나, 차익이 발생한 경우 이를 어떻게 사용할 것인지까지 협의되었다면 모를까, 기부받은 암호화폐로 직접 투자하는 것은 비영리 단체의 책무성이나 경영 측면에서 볼 때 적절한 것은 아닙니다. 비트코인에 투자하기로 한 개인의 결정은 기회와 위험에 대한 평가를 필요로 하는 개인적인 결정입니다. 일반적으로 말해 누구도 잃을 수 있는 만큼 이상의 투자를 해서는 안 됩니다."

준비 3. 가상자산 시장 조사와 학습하기

해보지 않은 업무를 하게 됐을 때 도대체 어디서부터 시작해야 할지 막연해서 어려움을 겪을 때가 있다. 이때 이미 그 업무를 해본 사람의 경험담이 큰 도움이 된다. 가상자산 시장에 대한 학습도 마찬가지일 것이다. 이에 필자의 경험을 독자 여러분과 나누고자 한다.

1차적으로 기본 지식은 관련 도서를 구매하여 읽고, 사례 수집 및 담당자 인터뷰를 통해 정리하고 조사하면서 확인하는 과정을 거치며 자료를 모았다. 사례 수집은 국내외 포털을 검색하여 비영리 조직에서의 사례들을 정리하고, 대형 국제개발NGO들의 사례를 정리하고, 필요하면 담당자들에게 연락하여 간단한 인터뷰 형식의 미팅을 진행했다. 내가 모르는 부분을 확인하고 우리 조직에 내재화하는 방법을 떠올리기를 계속하면서 기존 자료나 지식을 계속 업데이트하는 과정이었는데, 돌이켜보면 이 과정이 중요했던 것 같다.

1차적으로 보은 자료를 토대로 분서 후 충족되지 않은 영역을 정리하고 2차 조사 때 블록체인, 암호화폐 등 생태계 관련 업계 동향 파악, 이해 관계, 법적 관련 이슈들을 파악하고 어떻게 대응할지를 자문받기도 했다. 암호화폐 생태계에 대한 지지와 우려의 목소리를 내는 집단 또는 이해관계자들을 두루 아울러 만나고 그들이 발간한 아티클을 찾아보는 것을 추천한다. 새롭게 기획하고 시작할 때 너무 좋은 것만 보려고 하기보다는 최악의 상황에 관한 사례까지 두루 살펴야 조사자 또는 담당자의 편견이나 감정들을 배제하고 일을 할 수 있다. 내가 담당자로서, 또는 워킹 그룹의 구성원으로서 이 일을 해내야 한다는 미션을 부여받았다면, 이를 최대한 가능하게 하는 방법을 찾아 전략을 수립하는 험난한 과정에서 보게 될 도전 과제들을 조사 결과에 잘 옮겨내는 쪽을 선택하는 편이 옳다.

쉽게 학습을 시작할 수 있는 방법은 먼저 가상자산을 기부받은 사례를 찾아보는 것이다. 이 방법은 가상자산 기부 프로세스 전반을 이해하는 데 도움이 된다. 가상자산 모금 전략을 세울 때 직접 필자가 시작한 방법과 찾아본 사이트들을 정리해 봤다.

기본 학습 및 시장과 사례 조사 방법

1. **1차 조사**
    - 목적: 기본적인 관련 지식을 습득하는 것
    - 방법: 관련 도서 읽기, 사례 수집하기, 암호화폐 모금 유경험자 및 단체 인터뷰
    - 주안점:
        - 여전히 모르는 부분 확인하기
        - 관련 지식을 조직에 내재화할 방법 찾아내기

    TIP. 도입 사례가 있는지 알아보거나 이미 도입한 다른 단체 담당자를 만나는 것부터 시작하는 것도 좋다.

2. **2차 조사**
    - 목적: 1차 조사를 통해서도 해소되지 않은 부분 보충하기+1차 조

사에서 학습한 내용을 심화하기
- 방법: 전문가 자문 받기, 찬반 입장의 이해관계자들을 두루 만나보기, 논문, 칼럼 읽기
- 주안점
  - 편견과 감정을 배제하기
  - 기회와 위기 요인에 대해 균형 있게 파악하기

3. **시장 조사 범위와 기준**
   - 목적: 국내외 가상자산 생태계 및 규제와 실질적인 모금 사례 조사하기
   - 방법:
     - 국내 및 해외 비영리 단체 암호화폐 모금 및 캠페인 사례
     - 국내 및 해외 암호화폐 규제 동향과 차이점
     - 국내 비영리 단체 암호화폐 기부 및 캠페인 실무 담당자 인터뷰
   - 주안점
     - 가능한 한 실무자 또는 팀장급을 직접 만나 실무 단위에서 준비하고 기획하는 과정에서의 조직 설득 방법, 어려웠던 점을 듣는 것이 중요
     - 국내 가상자산의 사업자 기부 가능성 및 유의점 등 비교하기

   TIP. 유용한 시장 조사 방법
   - 국내 NFT를 포함한 가상자산 법적 규제
   - 국내 포털에서 키워드/연관 검색: 가상자산, 암호화폐, 비트코인, 이더리움, NFT, 암호화폐 기부, 암호화폐 비영리 단체 등
   - 국내 가상자산 플랫폼 리서치 센터의 자료 활용
   - 국내 금융권의 연구 보고서 자료 활용
   - 해외 암호화폐 시장 분석 자료 및 해외 리서치 센터 자료 활용
   - 가상자산 기부 트렌드에 관한 기빙블록의 연차보고서

4. **조사 보고 및 내부 공유**
   - 워킹그룹 학습 및 공유, 아이디어 정리, 실무 적용 포인트 정리 등
   - 워킹그룹 보고서 작성, 보고자 선정, 보고 대상 단위 설정 등

준비 4. 가상자산 기부 수용 가이드라인 마련하기

여러분의 조직에 가상자산 기부 수용에 적용할 만한 기존의 원칙이나 가이드라인이 있는지 확인해야 한다. 기부 수용 가이드라인, 기부 수용 결정 위원회 운영, 개인 고액 기부자와의 기부 협약이나 기업과의 파트너십 협약 전에 점검하는 코드 등이 이에 해당하는데, 암호화폐와 관련된 사항도 대부분 이에 따라 판단하고 결정하면 된다. 만일 암호화폐의 특수한 속성으로 인해 별도로 정할 항목이 있다면, 이를 기존 가이드라인에 추가하거나, 기존 가이드라인을 참고하여 새롭게 「가상자산 후원 관리 지침」을 수립하면 된다.

이 지침을 어렵게 생각할 필요가 전혀 없다. 길게 작성할 필요도 없다. 지침에는 기부 수용에 관한 모든 내용을 담는 것이 아니라, 큰 테두리 안에서 주요한 항목만을 명시해 두면 된다. 가상자산 기부 제안이 실제 발생하면 이 지침의 테두리 안에서 재무 담당 부서와 논의하여 기부 수용 여부를 결정하면 될 일이다.

그럼 시작해 볼까! 「가상자산 후원 관리 지침」 작성 전 체크 포인트와, 지침에 담을 주요 항목을 아래에 정리하였다. 후원 관리 지침을 작성한 후에 법적 자문을 통해 수정 및 보완하여 최종 완료하는 것을 추천한다.

Check Point
- 가상자산 관련 규제 법령 및 시행령, 그리고 이에 대한 해석을 조사한다.
- 가상자산 기부 수용 지침과 별도로 따로 만들 것인가? 아니면 기존 지침을 수정·보완하는 것으로 처리할 것인가? 어느 경우든 직원들에게 명확한 가이드라인을 주는 것이 업무에 혼선을 주지 않을 수 있다.

가상자산 후원 관리 지침에 담을 주요 내용

1. **가상자산 후원 관리 지침의 목적 및 정의**
   - 해당 지침 수립의 필요성과 활용 목적 명시.
   - 기본적인 용어 정의: 필요 정의 명시, 이에 대한 법적 근거 및 해석 명시.
     - 가상자산이란? 「특정 금융거래정보의 보고 및 이용 등에 관한 법률」(이하 "특금법"이라 한다) 제2조 제3호에 따라, "경제적 가치를 지닌 것으로서 전자적으로 거래 또는 이전될 수 있는 전자적 증표(그에 관한 일체의 권리를 포함한다)."

2. **가상자산 후원 관리 지침 적용 범위 및 접수 대상**
   - NFT를 접수 대상에 포함할지를 결정하여 명시.
   - 암호화폐 코인 종류, NFT 유형에 따라 접수 대상을 명시하는 것도 가능.
   - 어떤 경우에 접수 대상에서 제외할지 포함.

3. **가상자산 후원 접수 절차**
   - 접수 내역 등록 및 기재 방법, 가상자산 후원 접수일 결정 기준.
   - NFT를 접수하는 경우, 후원자로부터 받을 NFT 관련 정보의 종류와 그 절차.

4. **후원받은 가상자산의 현금화**
   - 가상자산 후원 접수 후 즉시 시장 시세에 따라 현금화하는 것을 원칙으로 할지 등 명시.
   - 매도를 위한 적절한 시기를 어떻게 판단할지, 이의 예외 조항을 설정할지 명시.
   - 가상자산 거래소에서 암호화폐를 현금화 할 장외 거래 중개 업체 등은 회계 담당 부서, 대외 협력 담당 부서 및 기타 유관 부서에서 상호 협의하여 정함을 명시.

5. **가상자산 후원에 대한 기부금 영수증 발급 대상**

6. **가상자산 후원 기부금 영수증 발급일 및 금액**
   - 후원자가 직접 가상자산을 현금화하여 현금, 수표로 지급 또는 계좌 입금 방식으로 후원하는 경우.
   - 가상자산 후원의 경우 물품 후원 규정에 따라 금액 산정 진행 등.

> **7. 가상자산 후원 취소의 처리**
> - 가상자산 입금 후 처리 과정 단계에 따라 취소 처리의 원칙과 그 예외를 각각 명시.
> - 현금화 전이라면 가상자산 형태로 직접 반환, 이후라면 현금으로 반환 가능 등 명시.

준비 4-1. 가상자산 회계 지침 마련하기

앞에서 가상자산 후원 지침 작성을 위한 설명을 했는데, 여기에 보칙으로 가상자산 후원의 회계 처리 기준과 NFT 후원의 접수 기준을 추가로 넣는다.

가상자산 후원의 회계 처리 시 고려할 사항을 먼저 정리해 보자. 2024년부터 상장법인 및 외부 감사 대상 비상장 법인에 적용되는 금융감독원 「가상자산회계처리감독지침」에는 가상자산을 취득 목적이나 금융상품 해당 여부에 따라 재고자산, 무형자산, 금융상품 등으로 분류하도록 규정하고 있다. 하지만 「공익법인회계기준」에는 가상자산의 회계 처리 방법에 관한 규정이 없기 때문에 비영리 단체는 경영진의 판단에 따라 회계 정책을 개발하여 적용해야 한다. 먼저 여러분의 단체에 가상자산 회계 처리 방법에 관한 지침이 있는지 회계 담당 부서에 확인해야 한다. 만약 관련 지침이 없다면 이에 관한 기본적인 내용을 담은 지침을 마련하고, 추후 관련 규정 등이 명확해지면 이 지침을 수정·보완할 것을 추천한다. 가상자산의 회계 처리 방법은 아래 두 가지 경우에 회계 처리를 어떻게 할지 회계 부서에서 외부 자문을 구하여 진행하면 된다.

가상자산 후원의 회계 처리 기준에 담을 주요 내용

Tip. 아래 두 경우에 회계 처리를 어떻게 할지 등을 명시.
- 가상자산을 후원받는 즉시 매도하는 경우.
- 가상자산을 매도 시점에 따라 해당월 또는 기말에 이월하는 경우
  : 회계 처리를 어떻게 처리할지 명시 등.

Tip. 외부에 회계 처리와 관련 법률에 관한 자문을 구할 때 무엇을 질문해야 할까?
기본적으로 국세청에 질의할 사항과 그 밖의 자문처에 질의할 사항을 잘 구분·정리해 문의하는 것이 도움이 된다
- 기부자가 가상자산을 비영리 단체에 기부한 시점과 이를 매도한 시점 사이에 가격 변동으로 인한 차익 또는 차손이 발생한 경우, 비영리 단체는 이의 회계 처리를 어떻게 해야 하는가?

준비 4-2. NFT 후원 접수 기준 마련하기

NFT 후원의 처리 기준도 기본적으로는 암호화폐에 관한 기준과 같이 하면 된다. 예컨대 가상자산 거래소에서 거래되지 않는 암호화폐는 현금화가 어려우므로 거래소에서 거래되는 암호화폐만을 기부받아야 하는데, 이는 NFT의 경우에도 동일하게 적용할 수 있다. 그러나 NFT에는 암호화폐와는 다른 특성이 있다. 특히 현재 법 체계 하에서는 그 성격을 충분히 설명하기 어렵다. 이에 대해서는 어떻게 규정할지 등 앞으로 해결되어야 할 문제들이 많지만, 기존 작품이나 콘텐츠 등의 원저작물을 활용해 발행되기 때문에 「저작권법」의 적용을 받는다는 점을 간과하면 안 된다. 만일 비영리 단체가 NFT를 기부받고 나서 기부금 영수증까지 발행했는데 원저작물의 저작자가 문제를 제기하는 일이 발생한다

면 NFT를 기부받은 단체는 난처해질 것이다.

위와 같은 일이 발생하는 이유는 NFT가 주로 기존 작품이나 콘텐츠 등의 원저작물을 활용해 발행되기 때문이다. NFT 기부와 관련해서는 원저작물의 저작자, NFT 발행자, 그리고 NFT를 기부한 후원자 등 세 관련자의 권리 간에 복잡한 관계가 발생할 수 있다. 만일 원저작물의 저작자가 이를 활용한 NFT를 발행하여 단체에 후원하는 경우, 즉 **원저작물의 저작자=NFT 발행자=NFT 후원자**라면 권리 관계로 인한 문제가 발생하지 않는다. 그러나 이 세 관련자가 다른 경우에는 문제가 발생할 소지가 있다. 그렇기에 NFT를 기부받는 단체는 NFT 발행자가 원저작물의 저작자나 저작재산권자로부터 원저작물에 관한 저작재산권을 적법하게 취득, 혹은 이용 허락을 받았는지, NFT 후원자가 NFT 발행자로부터 NFT에 관한 권리를 적법하게 취득했는지를 확인하는 절차를 거쳐 후원 접수를 받아야 한다.

사전에 확인해야 할 필수적인 것은 저작권 관련 분쟁에 대한 예방 및 대응을 위하여 후원 대상 NFT와 연결된 저작물에 대한 원저작물의 저작재산권이 한국저작권위원회에 등록되었는지 여부를 확인하고, 미등록 시 후원자에게 후원 접수 전까지 등록해줄 것을 요청하고, 후원 완료 후에는 기부처 명의로 저작권 변경 등록하여 관리하는 것을 원칙으로 해야 한다. NFT 후원 접수 기준은 다음과 같은 경우의 사항을 검토하고 기준을 마련해야 한다.

여기에서 언급되는 저작물, 저작권(저작인격권 및 저작재산권), 저작인접권 등 핵심 용어들은 한국저작권위원회에 발간된 〈NFT 거래 시 유의해야 할 저작권 안내서〉에 상세하게 나와 있으며 유의 사항들도 구체적으로 정리되어 있다. 추가적으로 NFT 이해도를 높일 수 있게 포함되어 있어 다운로드받아 읽어보길 권한다.

NFT 후원 접수 기준

아래 각 경우에 따른 후원 접수 기준을 마련해야 한다.
1. **NFT 후원자가 원저작물에 대한 저작재산권자인 경우**
   - 후원자가 원저작물의 저작자인 경우
   - 후원자가 원저작물의 저작재산권을 양도받은 자인 경우
   - 후원자가 원저작물의 공동 저작자 또는 공동 저작재산권자인 경우
   - 후원자가 원저작물의 저작인접권자인 경우
2. **NFT 후원자가 원저작물에 대한 저작재산권자가 아닌 경우**
   - 후원자가 원저작물의 저작재산권자로부터 이용 허락을 받아 NFT를 발행한 자인 경우
   - 후원자가 NFT를 구매한 자인 경우
   - 원저작물이 자유이용저작물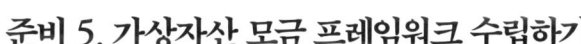인 경우

NFT 거래 시 유의해야 할 저작권 안내서

준비 5. 가상자산 모금 프레임워크 수립하기

워킹 그룹이 작성하게 될 전략 수립 보고서의 핵심은 〈가상자산 모금 프레임워크 및 로드맵〉이라 할 수 있다. 2022년 2월부터 필자가 가상자산 모금 프로젝트를 시작한 다음 1차 내부 보고를 완료한 뒤 얼마 후인 5월에 테라 루나 사태가 터졌다. 그렇다 보니 지금까지 준비해 온 전략들을 다시 갈아엎어 전면적으로 수정해야 하는 상황이 되었다. 가상자산 시장이 갑자기 얼어붙었는데 이러한 준비가 무슨 의미가 있을까 회의하는 대신 그냥 묵묵히 끝까지 해내야 한다는 생각만 했다.

처음으로 보고한 전략 로드맵은 액션 플랜 수준으로, 가상자산 모금을 위한 단계를 순차적으로 준비하는 **실행** 위주로 기획했다. 그러다 이러한 불가항력적인 상황에 직면하면서 이 프로젝트의 소요 시간이 상당히 길어질 것을 예상하여, 이 프로젝트의 실행을 가상자산을 기부받을 수 있는 체계 구축에 주안점을 두는 **우선 실행** 단계와, 이를 바탕으로 가상자산 모금의 외연을 적극적으로 확대하는 **확장** 단계로 나누어 진행하는 **국면**phase **단계** 형태로 보고를 준비하게 되었다.

그럼 가상자산 모금 전략 수립 로드맵은 어떻게 구성해야 할까? 아래 내용을 참고하기 바란다. 지금까지 프로젝트를 진행하면서 워킹 그룹 구성원 등 관련자들의 가상자산에 대한 이해도가 중간 이상 정도는 된다고 전제하여 작성하기 바란다.

가상자산 모금 전략 수립 로드맵에 담을 주요 내용

1. 실행 단계 설정
    - 단계별 목표 및 방향성 작성.
    - 단계별 전략 방향에 맞춰 내외부 목표 설정(결과 이미지 포함).
    - 대내외적으로 가상자산 모금 구축을 위한 주요 계획 수립
    - 조직의 가상자산 이해도 및 경험 등 고려한 목표 설정이 필요.
    - 워킹 그룹, 신사업 기획 담당자 등의 가상자산 이해도가 높은 상태에서 작성해야 하며, 그 과정에서 최소한 합의를 이루는 과정 필요.
2. 단계별 실행 계획
    Phase 1: 가상자산을 기부받을 수 있는 체계 구축
    - 내부(준비 및 역할)
        1 내부 준비

－ 가상자산 시장 조사 및 학습
             － 가상자산 후원 지침 및 회계 기준 마련
         2 외부 채널 활용 계획 및 준비
             － 지갑 및 플랫폼 활용 계획
             － 현금화 전략 준비
             － 지갑 개설, 거래소 협업 준비
         3 NFT 마켓 가입
    • 외부(연락 및 접촉, 협업)
         1 게임, 엔터 지식재산, 콘텐츠 협업
             － 엔터, 광고, 식품, 등 다양
             － 셀럽, 음악, 공연, 웹툰 등
         2 NFT 메타버스, 기업 마케팅, CSR 협업
             － 대기업 협업
             － NFT 시장 진출 기업 등
             － NFT 마켓플레이스 활용 마케팅 협업
         3 NFT 발행 발송 관리
             － NFT 디지털 후원증 및 리워드
    Phase 2: 가상자산 모금의 외연 확대
    • Phase 1 단계를 거쳐 확장 전략 수립
    • 가상자산 모금 확장, 결제 시스템 연동, 우리 조직 지적재산 활용 등
         1 가상자산 모금 활동
             － 모금 프로젝트 시범 시행
             － 가상자산 거래소 협업
             － 블록체인 기부 플랫폼 활용
             － 기업 개인 보유 가상지산
         2 가상자산 주요 파트너 협업
             － 다자 간 협업

3. **목표**
    • 가상자산 모금 시스템 내·외부 구축
    • NFT 및 메타버스 협업, 가상자산 기부 캠페인 시범 시행

- 가상자산 협업/모금 외연 확대
- 정량적 목표 설정

4. 리소스
- 가상자산 모금 담당 부서 및 인력 구성
- 단계별 필요 예산

단계별 전략 방향 및 세부 실행 계획 수립

1 Phase	가상자산 모금 체계 구축 및 파일럿 (Evidence)	2 Phase	가상자산 모금 경험 기반 외연 확장 (Expand)
내부 학습 및 시스템 구축	파트너/채널 구축	암호화폐 모금	블록체인 기술 활용 확대

내부 학습 및 시스템 구축
① 내부 협의 및 준비
 · 워킹그룹 및 역할 구분
 · 시장조사 및 학습
 · 후원 지침 및 회계 기준 마련
② 외부 채널 활용
 · 현금화 전략 준비
 · 지갑 개설, 거래소 협업
③ 가상자산 모금 조직 가치체계 Aligned 및 전략화
④ 임직원 대상 내부 교육

파트너/채널 구축
① 가상자산 활용 및 이해도 높은 파트너 서칭
 · 게임, 엔터 IP 컨텐츠 협업
 · 셀럽, 음악, 공연, 웹툰 등
 · 패션,스포츠, 식품 IP 협업
 · 국내 패션 브랜드 등
② 외부 채널 활용, 가상자산 사업자 또는 이해도 높은 파트너와 협업 도모
③ 가상자산 거래소 회원 대상 모금 캠페인 또는 일시 기부 수령 등

암호화폐 모금
① 암호화폐 모금 활동
 · 가상자산 모금 캠페인 기획
 · 기부 프로젝트 (사업 맵핑)
 · 가상자산 거래소 협업
 · 블록체인 기부 플랫폼 활용
 · 기업/개인 보유 가상자산
② NFT 발행/발송/관리
 · NFT 디지털 후원증 및 리워드
 · 캠페인 테마별 NFT 발행 판매

블록체인 기술 활용 확대
① 가상자산 모금 → 기술 활용
 · 메타버스 플랫폼 구축
 · 참여플랫폼, 후원자/서포터 커뮤니티
 · NFT 아트 전시, 행사 진행
 · 대면모금 가상공간 활용
② 단체 사업 블록체인 기술 접목 시도 및 활용
③ 단체 내부 블록체인 기술 활용 검토 등

세부 실행 계획 목표

| 가상자산 모금 실행 합의 내외부 시스템 구축 | 가상자산 모금 기부 캠페인(파일럿) | 가상자산 협업/모금 외연 확대 | WEB 3.0 확장 |

그림6. 가상자산 모금 실행 로드맵

준비 6. 가상자산 모금 전략 수립하기

여러분의 조직에서 가상자산 모금 전략을 수립하기로 결정이 내려진 이후 지금까지 프로젝트를 진행하는 과정에서 워킹 그룹 구성원들이 가상자산 시장이나 규제 등에 대해 충분한 학습이 이루어졌다면, 이제부터는 조직 내부의 직원과 경영진에게 최종적으로 선보일 **우리 기관만의 가상자산 모금 전략 수립 보고서**를 준비해야 한다. 여기에서는 모금 전략 수립 보고서 작성 요령에 대해 정리해 보고자 한다. 암호화폐 모금 프로그램 실행에 대해서는 다음 장에서 다룬다.

　가상자산 모금 전략 수립 보고서에는 지금까지 취합된 주요 자료들, 가상자산 모금 사례들, 그리고 워킹 그룹에서 나온 아이디어들을 정리해 담으면 된다. 그러면 어떻게 구성하면 될까? 아래에서는 필자가 작성했던 것을 바탕으로 구성안을 제안하였다. 여러분의 단체에 맞게 이를 응용하기 바란다.

　최종 보고서는 한 번에 통과되지 않을 수도 있다. 그렇다고 해서 좌절하지 말고, 꾸준함으로 설득하고 소통해가면서 시간의 흐름에서 끝까지 해내 보라. 자신과 워킹그룹 구성원들의 꾸준함을 칭찬하며 뿌듯해하고 있을 것이다.

　처음부터 한 번에 통과되지 않을 것을 감안하여 2차례에 걸친 보고를 준비하는 것도 방법이다. 이 중 첫 보고서는 보고를 받을 경영진과 함께 스터디한다는 느낌으로 구성한다. 이런 과정이 반드시 필요하며 최대한 동일 수준에서 가상자산을 이해하고 모금하기 위한 마인드를 조율하는 과정이라 받아들이면 좋겠다. 이번 가상자산 모금 전략 수립 구성안도 1차와 2차로 나눠 정리해 보았다. 처음에는 모두들 낯설고 새로운 암호화폐를 어떻게 이해하고 받아들일지 잘 모르기 때문에 이에 대한 이해도를 맞추기 위한 접근이고, 그 이후에는 여러분 조직의 상황과 최고 의사 결정권자의 의중에 따라 준비해 볼 필요가 있다.

필자는 실무단과 주요 직책자들에게 공유하기 전에 최고 의사결정권자에게 스터디를 위한 자료와 아이디어, 간단한 전략 방향, 실무 의견을 별도로 보고하여 피드백을 받은 바 있다. 그 이후 국제개발NGO의 암호화폐 모금 규모나 사례를 추가하고 글로벌 암호화폐 트렌드도 포함하여 정보를 제공받을 수 있었다. 다행히도 내가 근무했던 국제개발NGO는 이미 크립토 스티어링 워킹 그룹$_{Crypto\ Steering\ WG}$을 구성하여 글로벌 단위로 정기적인 화상 회의를 통해 사례와 협업 제안도 주고받을 수 있었기 때문이다. 최고 의사 결정권자의 방향과 모금 부서로서의 니즈와 중장기 전략 방향을 정리하여 보고하였으며 향후 우리 조직이 어떻게 준비하고 바라봐야 할지도 보고한 바 있다. 그 결과 주요 경영진으로부터 동의와 지원을 받을 수 있었다.

가상자산 모금 전략 및 활용 방안 (1차)

I. 주요 개념 및 기부 사례
  1. 개념 및 주요 용어 정리
  2. 가상자산(암호화폐, NFT) 기부 트렌드
  3. 국내 사례
     - 암호화폐 기부
     - 플랫폼 및 캠페인 협업 기부
     - NFT 발행/판매 기부
  4. 해외 사례

- 국제개발NGO 암호화폐 기부
- 암호화폐 전문 모금 조직
- NFT 발행/판매 기부

II. (우리 조직) 가상자산 활용 방향 및 계획
  1. (우리 조직) 가치 체계 정렬
  2. (우리 조직) 블록체인 특징 활용 방향
  3. (우리 조직) 전사 차원 블록체인 기반 적용 방향
  4. (우리 조직) 가상자산 모금 액션 플랜
  5. 모금부서 마케팅 대상 협업 기회 및 방법

III. 사례 및 인터뷰
IV. 관련 법규와 규제
V. 배운 점과 시사점

Tip.
1차 보고 목표는 최고 의사 결정자의 의중과 우려점을 파악하고 이를 해소하는 데 두어야 한다. 또한 보고하는 과정에서 질문들이 나오는데, 이를 잘 정리해 놓아야 한다. 사람들이 궁금해하는 것은 대체로 유사하기 때문이다. 또한 추가적인 업무 지시나 요청이 있을 수 있다. 이를 다시 추가하고 보완하여 2차, 3차 등의 보고 단계를 거칠 필요도 있고, 주요 임원진들과 함께 합의된 안으로 조직 전체의 의사 결정을 받을 수 있을 것이다.

생각보다 최종 보고할 때 자료는 매우 간략하게 구성하였다. 몇 차례의 사전 보고를 통해 방향성을 확인받는 과정에서 오히려 덜어내는 작업을 했었다. 주요 경영진 앞에서 중요하게 합의할 부분과 협업할 부분만 정리하고 최종 보고를 마무리하였다. 최종 보고까지 약 12개월이 소요되었는데, 이 시간은 많이 배우고 통찰도 얻을 수 있었던 귀한 시간이었다.

가상자산 모금 전략 및 활용 방안 (최종)

I. 주요 흐름 및 기부 현황

　　1-1. 글로벌 가상자산 기부 트렌드

　　1-2. 비영리 단체의 블록체인 기반 가상자산 활용 방향

　　1-3. 글로벌 가상자산 모금: 국제개발NGO, 기빙블록

　　1-4. 주요 비영리 단체 가상자산 모금 기반 조성 현황

II. 가상자산 활용 방향 및 계획

　　2-1. (우리 조직) 가치 체계 정렬

　　2-2. (우리 조직) 블록체인 특징 활용 방향

　　2-3. (우리 조직) 전사 차원 블록체인 기반 적용 방향

　　2-4. (우리 조직) 가상자산 모금 액션 플랜

　　2-5. (모금부서) 마케팅 대상 협업 기회 및 방법

　　2-6. (모금부서) 블록체인 활용 및 세부 협업 계획

　　2-7. 주요 부서 역할 및 담당 영역

III. 배운 점과 시사점

13장

조직 내부의 암호화폐 기부 수용 시스템 구축

이제, 시작해 볼까!

암호화폐 기부를 받기 위한 모델은 여러 가지가 있다. 하지만 모든 단체에 적용할 수 있는 보편화된 모델은 없다고 하는 것이 맞을 것이다. 암호화폐 기부를 받는 준비 역시 마찬가지이다. 모금 부서의 연간 모금 목표액에 따라 정해지는 예산을 감안하여 준비에 소요되는 자원을 예상하고 그 규모에 맞게 실행해야 한다. 아래 몇 가지 암호화폐 모금 모델을 소개한다. 여러분 단체의 역량이나 놓인 상황에 완전히 들어맞는 모델이란 없다. 새로운 모델이 계속 등장할 것이다. 따라서 현재까지 나온 모델과 여러분 단체의 상황을 고려하여 가장 합당한 방법을 찾길 바란다

한 번 더 강조하지만, 암호화폐 모금 방법과 이를 준비하는 방법을 결정하려면 무엇보다 암호화폐를 기부받기 위한 조직 역량을 확인해야 한다. 리더십 지원, 기술 역량, 조직의 유연성과 민첩성 같은 조직 역량에 따라 암호화폐를 기부 받거나 이를 준비하기 위한 접근 방식은 완전히

달라질 것이다. 암호화폐 기부 수용을 위한 프로그램을 구현할 때 더 넓은 조직 전략 안에서 어떻게 하고 언제 할 것인지를 고려해야 한다.

필자가 보기에 이 장에서는 여러분의 이해를 돕기 위해 암호화폐 기부 수용 모델을 구현의 복잡성 정도에 따라 (1) 기부자가 현금화한 암호화폐를 기부받기 (2) 전용 플랫폼 활용하기 (3) 직접 수령 및 매매하기로 나누었으며, 각 모델을 용의성, 효율성, 혁신성 등 3가지 척도로 평가하며 장단점을 설명하는 방식으로 구성하였다. 국내 비영리 단체의 사례뿐만 아니라 글로벌 비영리 단체들이 각 국가별 규제에 맞춰 실행한 암호화폐 기부 수용 모델을 참고하여 정리한 점이라는 것을 밝혀둔다.

모델 1. 기부자가 현금화한 암호화폐를 기부받기

- 용이성 ★★★★★
- 효율성 ★★☆☆☆
- 혁신성 ☆☆☆☆☆

암호화폐 보유자이자 자산가가 암호화폐를 직접 현금화한 후 이를 비영리 단체의 기부금 통장에 입금하는 방식이다. 즉 현금을 기부받는 것과 다르지 않은 방식이라 할 수 있다. 현재 국내 규제상 어쩔 도리가 없다고 해도 보도자료 헤드라인에 암호화폐 기부를 받았다고 하기에는 좀 찝찝하다. 대부분의 비영리 단체는 암호화폐 자산가로부터 기부하겠다고 연락을 받으면 최대한 설득하여 이런 방법으로 처리하고 있는 것으로 알고있다. 법인의 경우 국내 거래소에서 지갑 개설은 가능하나 이 지갑에 있는 암호화폐의 원화로 전환은 불가한 것이 큰 이유이다.

이 모델을 따르면 단기적으로는 단체의 시간과 비용을 줄여주지만 장기적으로는 암호화폐 자산가를 기부자로 만들 기회는 물론 단체와 모금가의 학습 기회마저 허무하게 날려버린다. 따라서 단체의 미래 확장성을 고려하면 아쉬운 모델이다.

모델 2. 전용 플랫폼 활용하기

- 용이성 ★★★☆☆
- 효율성 ★★★★☆
- 혁신성 ★★★★☆

단체가 사실상 현금을 기부받는 것과 다를 바 없는 첫번째 모델에서 더 나아가 암호화폐 생태계에 좀더 깊숙이 발을 담그고 싶다면, 단체를 대신하여 암호화폐를 기부받아 즉시 현금화하는 제3자 플랫폼과의 협력 방식을 제안한다. 이때 고려할 만한 제3자 플랫폼에는 가상자산 거래소, 그리고 기빙블록과 같은 암호화폐 기부 플랫폼이 있다.

가상자산 거래소

암호화폐를 받고 싶어도, 이러한 암호화폐 자산가를 찾아내는 일은 불특정 다수의 현금 기부자를 타겟으로 하는 모금 마케팅 활동보다 더 어렵게 느껴진다. 그렇다면 이들을 어디서 찾을 수 있는가? 이들이 모여 있는 곳은 어디인가? 아마도 이미 암호화폐에 대한 이해도가 높고 투자자산으로 활용하고 있는 투자자들이 모여 있는 곳, 바로 가상자산 거래소일 것이다.

앞에서 설명한 바와 같이 현재 국내에서 법인이 가상자산 거래소에서 지갑을 개설할 수는 있지만 이 지갑에 있는 암호화폐를 원화로 전환하는 것을 금하는 규제 때문에 가상자산 거래소에 회원으로 가입하더라도 암호화폐를 직접 기부받기는 어렵다. 다만 예전에 이러한 규제가 엄격하게 적용되지 않은 상황에서 가상자산 거래소의 회원으로 가입하여 지갑을 개설하고 직접 암호화폐를 기부받은 단체가 있긴 하다.

국내 최초 암호화폐 기부는 한 암호화폐 거래소가 1억 원 상당의 비트코인을 사회복지공동모금회 서울지회에 기부했던 2021년의 사례이다. 당시 모금회 서울지회 명의의 지갑을 거래소에 만들어 비트코인을 직접 기부받고, 이를 즉시 매도하여 현금화하는 방식으로 처리를 했다고 한다.

또 다른 사례는 업비트라는 가상화폐 거래소를 운영하는 두나무가 두나무×유니세프 기부 캠페인으로 업비트 이용자들이 두나무가 개설한 전자 지갑으로 비트코인을 기부하면 두나무가 이를 현금화한 후 여기에 두나무의 매칭 기금을 보태어 유니세프에 입금하는 방식이었다.

글로벌 암호화폐 기부 플랫폼 기빙블록

앞장에서도 설명한 이 플랫폼은 2018년 비영리 단체가 가상자산 모금을 쉽게 하도록 하기 위해 만들어진 크라우드 펀딩 플랫폼이다. 모금을 원하는 비영리 단체는 소개 영상, 단체 소개, 캠페인 안내로 이루어진 캠페인 페이지를 개설할 수 있다. 아래에서는 아름다운재단이 기빙블록에 가입하는 과정에서 확인한 정보를 중심으로 기빙블록을 소개한다.

캠페인은 기본^{Simplify}과 전문^{Accelerate} 패키지 중 선택할 수 있다. 기본 패키지는 페이지 셋업, 결제 시스템 연결, 실시간 기부 정보를 확인할 수 있는 대시보드 제공을 포함한다. 비용은 구독 기간 1년에 3천 달러, 또는 2년에 4천 달러 중 선택할 수 있다. 전문 패키지는 기본 패키지가 제공하는 서비스에 더해 모금 전략 컨설팅, 그룹 워크숍, 365일 맞춤형 모금 계획 서비스를 추가로 포함한다. 비용은 구독 기간 1년에 6천 달러, 2년에 8천 달러 중 선택할 수 있다.

기빙블록은 기부받은 암호화폐 관리에는 전혀 관여하지 않으며, 이를 전문 수탁 업체인 제미니에 위탁하고 있다. 기부된 암호화폐가 제미니로 입금되면 즉시 달러로 환전되며, 500달러 이상이면 매주 1회 해당 비영리 단체가 지정한 계좌로 입금된다. 그리고 환전 수수료는 25,000달러 이하 2.9%, 10,000달러 이하 1.9%, 100만 달러 이하 0.9%이다. 국내에서는 아직 거래소에서 법인 지갑으로 기부받은 암호화폐를 원화로 환전하려면 장외 거래를 해야 하고, 환전 가능한 하한액이 최소 6천만 원에서 최대 6억 원으로 소액은 사실상 환전이 불가능한 점을 감안하면 기빙블록의 방식은 상당히 매력적(?)이다.

기빙블록을 이용할 경우 다음과 같은 장점이 있다. 첫째, 기빙블록내에 영어로 된 캠페인 페이지 개설을 통해 국제 모금을 시도할 수 있다. 국내에도 마케팅을 하고 싶다면 우리 웹사이트에 결제 창을 달 수 있도록 해당 소스도 제공된다. 둘째, 일단 가입한 후에는 모금과 환전이 원스톱으로 이루어진다. 물론 영문 서류를 제출하고 마케팅팀과 한번은 영어 회의를 해야 하는 불편함이 있다.

모델 3. 암호화폐를 직접 기부받기

- 용이성 ★★★☆☆

- 효율성 ★★★☆☆
- 혁신성 ★★★★★

암호화폐를 기부받기 위해서는 전자 지갑을 개설해야 한다. 국내 비영리 단체들이 사실 전자 지갑을 개설할 준비는 많이 되어 있을 가능성이 높다. 다만 지갑을 거래소 내에 개설할지, 아니면 자체적으로 개설할지를 결정한 후 관리하면 된다. 이 모델은 기부자가 암호화폐를 기부할 수 있도록 기부자에게 단체의 공개 지갑 주소를 알려주는 것이다. 즉 기부금을 입금할 계좌 번호를 알려주는 것과 다르지 않다. 물론 암호화폐를 계속 지갑에만 넣어둘 수는 없으므로, 이를 현금화하는 절차에 관한 단체의 정책을 반드시 수립해야 한다.

이 모델은 지금은 법인 명의 지갑의 환전을 금지하는 국내 규제로 인해 실행하기 쉽지 않다. 하지만 향후에 이와 같은 규제가 해소된다면 지금보다 많이 실행될 가능성이 있다. 따라서 미래의 모금을 준비한다면 지갑 개설 정도는 해두는 것을 추천한다. 이 모델을 실행하려면 암호화폐에 익숙한 모금 담당자, 그리고 전자 지갑을 안전하게 관리하고 사용하는 데 필요한 보안 절차가 있어야 한다. 보안 절차로는 첫째, 지갑 관리, 패스워드 설정 등을 일반적인 금융 거래 계좌에 준하는 보안 수준으로 관리하여야 한다. 둘째 공개된 전자 지갑에 대해 최소 두 명 이상이 암호화폐 기부금 입금 여부, 기부금 규모 등을 실시간으로 모니터링해야 한다.

이 모델은 암호화폐에 정통한 직원이 있거나 대규모 암호화폐 모금을 기대하고 준비하는 조직이라면 시도해볼 만하다. 왜냐하면 전문적인 제3자와 협력하는 경우보다 더 많은 통제권과 유연성을 가질 수 있기 때문이다.

전문 수탁 업체(커스터디^{custody} 업체)

암호화폐를 직접 기부받아 이를 현금화하려면 '커스터디 업체'라고 부르는 암호화폐 전문 수탁 업체를 통해야 한다. 앞서 설명한 바와 같이 국내 규제로 인해 법인은 가상자산 거래소에서 암호화폐를 환전할 수 없고, 장외 거래를 통해 현금화하는 방법은 소액인 경우 사실상 불가능하기 때문이다.

자산관리 전문 수탁 업체라고 해서 모두 암호화폐를 취급하는 것은 아니다. 그렇다면 암호화폐를 취급하는 전문 수탁 업체는 어떻게 찾아볼 수 있을까? 암호화폐를 취급하는 전문 수탁 업체는 가상자산 거래소 등과 함께 **가상자산 사업자**에 포함된다. 가상자산 사업자로 등록되어 운영되는 업체는 금융위원회 금융정보분석원 홈페이지에서 확인할 수 있다. 공지 사항에 가상자산 사업자의 신고 수리 여부 등 신고에 관한 정보 공개 현황이 정기적으로 올려져 있으므로, 제대로 등록된 업체인지 확인한 후 암호화폐 환전 등의 업무를 맡기고 진행하면 된다.

그림7. 금융위원회 금융정보분석원 홈페이지

Check Point: 거래소 및 전문 수탁 업체

- 협업 거래소, 플랫폼에서 거래되는 암호화폐 종류
- 합법적인 승인 및 등록한 거래소인지 확인
- 가능한 인출 방법
- 거액 암호화폐 처리 역량
- 출금 수수료 및 환전과 인출을 위한 최소 한도
- 보안 솔루션 및 방법

표3. 기부 모델별 장단점

	장점	단점
가상자산 거래소 활용	- 거래소의 협조로 거래소 회원에 접근할 수 있어 이들을 대상으로 한 모금 기획이 가능함 - 거래소 기업의 적극적 협업으로 다양한 모금 홍보 및 마케팅 가능 - 초기 가상자산 모금 시 파트너십 확대 가능성 높음 (코인, NFT 발행 등)	- 법인은 거래소 내에서 현금화 할 수 없으므로, 별도 환전 과정이 필요함. - 거래소 고객만 기부 가능 - 수수료 발생
전문 플랫폼	- 모금을 시작하고 관리하기가 쉬움 - 캠페인 페이지 개설, 결제 시스템, 기부 현황 확인을 위한 대시 보드 등 다양한 서비스가 제공됨 - 별도 환전 과정 없이 정기적으로 현금으로 입금됨 - 플랫폼 기업의 다양한 서비스 및 컨설팅 지원	- 영어로 개설되므로 업무 처리 및 국내 마케팅이 어려움 - 멤버십 비용 등 초기 개설 비용 발생
암호화폐를 직접 기부받음	- 플랫폼 수수료 및 거래(환전) 수수료 절감 - 높은 수준의 제어 및 유연성 확보 - 기부금 사용 목적에 맞는 지갑 개설 가능	- 조직 내에 암호화폐를 잘 이해하는 직원이 있어야 함 - 주말이나 휴일에도 기부금이 입금될 수 있으므로 가격 변동성을 관리하기 어려움 - 커스터디 서비스 업체 필요 - 자체 보안 대책 필요

14장

가상자산 모금의 외부 확장성

앞장에서 가상자산 모금을 위해 조직 내부는 어떻게 설득·이해시켜야 하며, 실행을 위한 준비는 어떻게 해야 하는지 알아봤다. 지금부터는 가상자산 모금을 자선 활동의 새로운 혁신 영역으로 어떻게 확장해야 할지 생각해 보자. 이때 여러분 단체가 지원하는 대상, 사업, 목적에 따라 암호화폐 모금을 접목할 영역은 달라질 텐데, 아마 아래에서 정리한 영역보다 더 넓어질 수도 있겠다. 그러니 단체의 상황에 맞는 크립토 혁신 영역을 정의하고 연구해볼 필요가 있다. 그 이후 각 영역 내에서 예컨대 아동, 인도적 지원, 교육 등 사업 주제별로 모금 프로그램, 캠페인, 이벤트 등을 기획하고 실행해볼 수 있다.

가상자산 모금 마케팅은 전통적인 자산 모금 마케팅과 큰 차이점이 있을까? 필자의 경험을 미뤄볼 때 기존 모금 마케팅 방법론과 크게 다를 것이 없으므로 동일한 전략을 활용해도 무방하다고 생각한다. 다만 몇 가지 다른 부분은 분명히 존재하기 때문에 방법론의 부분적인 수정은 불가피할 수 있다.

크립토 커뮤니티

크립토 자산가, 그들은 누구인가?

그러니 기부를 받기 전에 크립토 자산가들은 누구이며, 그들이 모여 있는 크립토 커뮤니티는 무엇인지, 그리고 무엇에 관심이 있는지 이해해야 기부를 요청하고 접근할 수 있다. 그럼 먼저, 크립토 세계에서 말하는 크립토 커뮤니티는 무엇일까?

크립토 커뮤니티는 어떤 모임인가

이 커뮤니티는 암호화폐의 다양한 측면에 대한 관심과 열정으로 뭉친 개인들의 집합체이다. NFT, 디파이, 블록체인 기술 등 광범위한 암호화폐 관련 주제에 대한 다양한 관심사의 용광로라 할 수 있다. 이런 커뮤니티는 암호화폐 지식을 전파하는 데 중요한 역할을 한다. 또한 비트코인, 이더리움과 같은 주요 블록체인 네트워크에는 각각의 커뮤니티가 있다. 암호화폐 팬덤 문화를 보유하면서 이를 전파하고 있다고 할까? 크립토 세계의 복잡한 주제는 이러한 커뮤니티의 교육적 노력 덕분에 더 널리 이해될 수 있게 되었다. 이런 활동을 통해 암호화폐에 대한 지식 및 이해를 확산·발전시킴으로써 암호화폐 커뮤니티는 블록체인 분야의 성장에 중추적인 촉매제 역할을 하고 있기도 하다.

여기에서 비영리 조직이 주목할 부분은, 국경이 없다는 암호화폐의 본질적 특성으로 인해 크립토 자산가들이 주로 온라인에서 글로벌 커뮤니티를 형성한다는 점이다. 이러한 그룹은 포럼, 채팅방, 소셜 미디어 플랫폼을 통해 상호 작용한다. 예를 들어 암호화폐 커뮤니티가 가장 많이 사용하는 소셜 미디어 플랫폼인 X(구 트위터)를 생각해보면 이 커뮤니티는 투자자, 개발자, 기업, 인플루언서를 아우르는 전문 그룹으로, 각자가 플랫폼에서 자신의 암호화폐 관점을 통해 옹호하고 있다. 이러한 커뮤니티는 단순히 정보를 공유하는 데 그치지 않고 끊임없이 확장되는 암호화폐 세계에서 인맥과 협업을 촉진하는 역할을 한다.

크립토 커뮤니티와 협업을 통해, 또는 이에 접근하여 모금하는 방법은 무엇이 있을까? 언뜻 보면 국내 포털 블로그 활동이나 모임과 그다지 달라보이지 않기 때문에 접근 방법도 다를 바가 별로 없어 보인다. 하지만 크립토 커뮤니티에 참여하는 크립토 자산가는 결국 암호화폐 용어, 익숙한 결제 방식, 블록체인, 크립토, DAO 등에 대한 철학과 이해에 따라 그 기부 동기와 방법은 매우 다를 것이기 때문에 일반적인 온라인 커뮤니티와는 다른 접근 방식이 필요하다.

여러분 단체 후원자 중에 가상자산을 보유한 자산가가 있는가? 크립토 자산가가 있다면, 이들만을 위한 크립토 커뮤니티를 만들어야 할까? 별도의 크립토 커뮤니티를 만들어야 한다면, 이를 어떻게 운영해야 하는가? 커뮤니티 내에서 이들과 어떻게 소통해야 하는가? 어떤 방법으로 이들에게 지속적인 혜택을 부여해야 하는가?

이와 같은 질문을 가지고 가상자산 모금 프로그램을 기획하면서, 가상자산 기부자들이 기부한 이후에 이들을 어떻게 관리할지에 대해서도 미리 구상해 놓아야 한다.

크립토 펀드레이징

크립토 커뮤니티를 이해했다면, 다음으로는 잠재 후원자, 즉 크립토 커뮤니티에서 활동하는 크립토 자산가를 어떻게 발굴하여 이들에게 접근할지 생각해 봐야 한다. 기본적으로는 현금 기부자에게 접근하는 기존의 방법과 동일한 전략을 사용하되 크립토 자산가의 특성을 고려한 새로운 접근 방법을 찾아야 한다. 암호화폐 커뮤니티, 사이트 등에서는 암호화폐 보유자 중 암호화폐 기부에 관심이 있는 사람들에게 기부 방법을 안내하고 있는데 이런 정보 목록에 여러분의 단체를 추가하는 것은 소속된 기관을 알릴 수 있는 쉬운 방법이다. 그렇다면 어떤 방법이 있을까? 뻔한 방식으로 보여도 정리해 보았다.

단체 웹사이트에 암호화폐 기부 결제 시스템 연동

적십자 싱가포르, 유니세프 호주, 세이브더칠드런 미국 등 다양한 국제개발NGO들이 직접 암호화폐 기부를 받기 위해 마이크로 사이트 운영을 별도로 하거나 웹사이트에 적극적인 홍보를 진행하고 있다. 주목할 점은 비영리 단체들이 24시간 대기하면서 암호화폐 기부금을 확인하거나 환전하지 않아도 되도록 가상자산 관리 서비스를 제공하는 기업들, 즉 암호화폐 현금화에 관한 모든 서비스를 글로벌 차원에서 실시간으로 제공하는 기업들과 협업하여 암호화폐 모금을 편리하게 효율적으로 관리하고 있다는 점이다.

표4. 주요 단체가 이용하는 기부 시스템

단체명	이용하는 기부 시스템
적십자 싱가포르	트리플 에이[Triple A]
유니세프 호주, 세이브더칠드런 미국	기빙블록, 제미니

단체 웹사이트 전자 지갑 개설

단체의 홈페이지에 암호화폐를 기부받을 지갑을 개설하고 이에 대한 기부금 영수증 발행 기준 및 응대 연락처를 노출시키는 것이 중요하다. 이때 암호화폐 기부를 받은 후 발생하는 변동성을 관리하는 원칙을 언급해야 한다. 그리고 암호화폐 기부금 영수증 발행을 위한 암호화폐 기부자의 기본적인 정보를 기입할 수 있게 처리되어 있어야 한다.

검색 엔진 최적화[SEO]/검색 엔진 마케팅[SEM]

기부를 적극적으로 고려하는 기부자의 경우, 암호화폐를 기부받는 비영리 단체가 어떤 사업을 수행하고 기부 혜택을 주는지 확인하기 위해 가장 먼저 온라인 검색을 하는 경우가 많다. 즉, 바로 구글, 네이버 등의 검색엔진에서 검색하는 일이다. 이때 기부 잠재력이 있는 사람들에게 검색이 잘 되도록 만드는 것이 중요한데 검색엔진 최적화(SEO)는 'Search Engine Optimization' 또는 'Search Engine Optimizer'의 약자로, 검색엔진에서 검색이 잘 되게 하는 방법을 말한다. 특히 기부자가 암호화폐를 받는 자선 단체를 구체적으로 검색하는 경우 암호화폐 기부 프로그램과 절차를 설명하는 페이지가 있으면 검색 엔진 최적화에 도움이 된다. 추가적으로 단순한 검색에 그치지 않게 각종 유명 검색 엔진에 암호화폐 기부 프로그램을 이용할 수 있게 브랜드 키워드 외에 **비트코인을 받는 자선단체**와 같은 키워드 문구 등을 등록하여 기부자가 인식하지 못하게 광고 효과를 올릴 수 있는 활동을 검색 엔진 마케팅(SEM)이라 한다. 단체의 사명을 나타내는 다른 키워드를 결합한 마케팅이나 캠페인을 만들어 보는 것도 방법이다.

가상자산 모금 프로그램 마케팅

암호화폐 기부자를 확보하는 가장 간단한 방법 중 하나는 프로그램을 광고하는 것이다. 단체 웹사이트에 암호화폐 기부를 받도록 설정한 후에는 해당 페이지에 비트코인이나 이더리움의 로고를 눈에 잘 띄게 표시하고, 기부할 수 있는 쉬운 링크를 표시하는 것이 좋다. 이렇게 하면 사이트를 방문하는 모든 사람에게 암호화폐 기부도 가능함을 알릴 수 있다. 암호화폐 커뮤니티는 소셜 미디어 사이트, 특히 트위터에서 매우 활발하게 활동하고 있기 때문에 SNS 해시태그를 아래와 같이 붙여볼 수 있다.

표5. 가상자산 모금 프로그램 마케팅 해시태그 예시

일반	#블록체인, #암호화폐, #기관주요키워드
비트코인 기부	#비트코인, #비트코인, #BTC, $BTC, #기관주요키워드
이더리움 기부	#9ETH, #이더리움, #ETH, $ETH, #기관주요키워드

암호화폐 커뮤니티는 또한 밋업이라는 오프라인 이벤트를 활발하게 소통한다. 블록체인, 암호화폐 생태계 기술 대회도 자주 열리는데, 이러한 대회는 기술에 대한 열정을 가진 사람들이 서로 만나 토론하고 함께 프로젝트를 구축할 수 있는 기회이다. 단체에서 가상자산 모금을 담당한다면 밋업에 참석하여 새로운 암호화폐 기부 프로그램에 대해 홍보하고 알릴 수 있는 기회가 있는지 알아볼 수 있다.

기존 기부자 살펴보기

현금이나 주식을 기부할 기부자를 찾아볼 때와 마찬가지로 가상자산 기부자를 찾을 수 있는 가장 좋은 곳 중 하나는 우리 기관의 기부자 데이터베이스이다. 소액 현금 기부를 해오던 기부자 중에는 암호화폐 기부가 가능해지면 훨씬 더 큰 규모로 기부할 기부자가 있을 수 있다. 소액 정기 후원자라 해서 중·거액 후원자가 되지 말라는 법은 없다. 역으로 고액 기부자 역시 소액 정기 후원자가 될 수도 있다. 기부자 데이터베이스에서 누가 암호화폐 소유자인지 알아내는 가장 쉬운 방법 중 하나는 그냥 물어보는 것. 다음 기부자 설문 조사나 이메일 뉴스레터에 기부자가 가상자산 기부에 관심이 있는지 묻는 질문을 포함해 보길 바란다.

잠재 기부자 조사

비영리 단체가 암호화폐를 모금하겠다는 결정을 내리고 나서 모금 전략을 수립하려면 암호화폐 잠재 기부자가 누구인지를 조사해야 한다. 세계 도처에 있는 암호화폐 보유자들이 기부자가 될 수 있으므로, 이들에 대한 글로벌 영향력이 있는 미디어를 알아두어야 한다. 이러한 미디어는 코인데스크, 비트코인 매거진, 코인텔레그래프 등이 있다. 가상자산 거래소에서 운영하는 리서치센터의 리포트도 꽤 유용한 정보처이다. 암호화폐 세계에는 지난 10년 동안 상당한 부를 축적한 개인이 많이 있다. 암호화폐 커뮤니티와 철학, 시장 기반 기부 패턴에 대한 기본적인 이해가 있어야 잠재 기부자를 소사할 때에도 도움이 된다.

암호화폐 가치가 크게 상승한 후에는 거액의 기부가 이루어질 가능성도 높아진다. 이들로부터 거액의 암호화폐를 받게 되어 이를 현금화 하려면 암호화폐 전문 수탁 업체를 통해야 할 수도 있다.

국경을 넘나드는 자금 이동이 쉬워지면서 글로벌 대의를 위한 기부 이벤트에 더 많은 사람들이 참여할 수 있게 되었다. 최근 싱가포르 적십자사는 트리플 에이와 제휴하여 비트코인, 이더리움, 테더 등 암호화폐 기부를 받기 시작했다. 싱가포르 적십자사의 사무총장 겸 CEO인 벤자민 윌리엄은 암호화폐를 받음으로써 가상자산을 통해 변화를 일으키고자 하는, 기술에 능통한 새로운 기부자 층을 확보할 수 있게 되었다고 말했다.

크립토 캠페인

암호화폐를 보유한 개인에게 기부를 받거나 이런 기부자들의 모임이나 커뮤니티를 구성해 운영하는 데 더해, 이미 형성된 다양한 크립토 커뮤니티와의 협업으로 캠페인을 할 수 있다. 여기서 말하는 캠페인의 정의는 우리가 이미 알고 있는 개념과 다르지 않다. 기빙블록에서 진행하는 **기빙 튜스데이**Giving Tuesday는 미국의 추수 감사절 시즌에 맞춘 기부 캠페인인데, 기빙블록이 하는 캠페인이라 암호화폐를 기부받는 것을 뿐 일반적인 모금 캠페인과 다르지 않다.

아래에서는 비영리 단체가 직접 또는 암호화폐 거래 플랫폼과의 협업을 통해 추진하여 긍정적인 성과를 내었던 몇 가지 크립토 캠페인 사례를 소개한다. 이 중에는 비영리 단체가 대중을 상대로 전개하기 쉽지 않았던 예민한 주제를 암호화폐나 NFT를 활용한 모금 캠페인을 통해 성공적으로 다룬 것도 있다.

호들호프 HODLHope 캠페인

세이브더칠드런 미국은 2013년 필리핀을 초토화시킨 태풍 하이옌에 대응하기 위해 세계 최초로 비트코인 기부를 받은 국제개발NGO이다. 세이브더칠드런의 첫 번째 게임화된 암호화폐 모금 캠페인은 세이브더칠드런 미국의 호들호프이다. 2021년도에 시작하여 지금까지 약 800만 달러(약 100억 원) 이상을 모금했고, 꾸준히 모금 기간을 연장하며 캠페인 주제도 코로나 피해 아동 지원에서 인도적 지원 펀드 조성으로 전환하여 진행하고 있다.

호들은 가지고 있다는 뜻의 영어 홀드^{HOLD}의 철자 순서를 바꾼 것으로 암호화폐 커뮤니티에서 사용되는 인터넷 밈이다. 시세와 관계 없이 암호화폐를 팔지 말고 계속 보유하고 있는 것을 권하는 인터넷 속어이다. 호들호프 캠페인에서는 암호화폐를 세이브더칠드런에 기부함으로써 후원자는 아동에게 희망을 주는 호들이 된다는 뜻도 있다.

이 캠페인 마이크로 사이트에는 모금 진행률은 물론 암호화폐를 기부한 상위 크립토 커뮤니티(토큰, NFT, 거래소), 상위 암호화폐, 상위 기부자를 표시하는 등 게임화 요소와 함께 소셜 피드가 내장되어 있다. 가장 많이 기부된 암호화폐를 살펴보면, 2024년 8월 현재 1위는 이더리움으로 총 388만 달러 상당이 기부되어 전체의 48%를 차지한다. 2위는 비트코인으로 280만 달러 상당이 기부되어 35%를, 이어서 3위는 서클^{Circle}에서 발행한 미국 달러 기반 스테이블 코인인 USD코인^{USDC}으로 53만 달러 상당이 기부되어 7%를 차지한다. 가장 많이 기부한 커뮤니티를 살펴보면, 2024년 8월 현재 $DOG Own The Doge & Pleasr가 291.16ETH, 즉 100만 달러 이상을 기부하여 선두를 달리고 있다. 가장 많이 기부한 기부자는 익명의 기부자(Anonymous)인데 전체 캠페인 기부금 중 390만 달러를 차지했다.

그림8. 호들호프 캠페인 페이지

낫 유어 브로 NFT 캠페인

디자이너 나탈리와 조지아는 2022년 3월, 모든 여성 및 LGBTQIA+의 권리 존중을 중점 목표로 하는 NFT 프로젝트 〈낫 유어 브로Not Your Bro〉 활동을 위해 10,000개의 NFT 작품 모음 컬렉션을 만들었다. 각 작품은 서로 다른 눈에 띄는 색상과 패턴으로 나탈리가 손으로 직접 그린 것이다. 이들은 평소 여성과 성소수자들의 인권 향상을 위해 노력해 왔으며, 글로벌 차원의 인식 개선 및 모금 활동이 필요하다 생각했다. 이들은 NFT 컬렉션 민트 판매액의 10%를 아웃라잇 액션 인터내셔널OutRight Action International, 말랄라재단Malala Fund, 세이브더칠드런, 코딩하는 소녀들Girls Who Code 등 4개 비영리 단체에 각각 균등하게 기부하기로 약속했고, 현재까지 총 21만 달러, 한화로 약 3억 원 상당을 기부했다.

그림9. 낫 유어 브로 NFT

- 기빙블록 크립토 캠페인

기빙블록 플랫폼에서는 다양한 암호화폐 기부 캠페인과 크립토 고액 자산가를 대상으로 크립토 기부 서약, 주식 기부, 기부자조언기금 프로그램을 진행하고 있다. 재미있는 점은 기빙블록이 암호화폐만을 다루는 것이 아니라, 기존에 비영리 단체들이 어렵게 받아들이던 주식 등을 기부 받는데까지 영역을 넓히고 있다는 것이다. 기빙블록은 이제 암호화폐 뿐만 아니라 주식이나 기부자조언기금 Donor Advised Fund 도 다루는 플랫폼으로 성장하고 있다.

- 크립토 기빙 튜즈데이

2019년에 기빙블록은 암호화폐 기부자를 위한 커뮤니티를 구축하려면 암호화폐 친화적인 비영리 단체와 함께 소리를 낼 수 있는 방법이 필요하다 판단하였고, 이에 연말 모금 시즌에 진행되는 **크립토 기빙 튜즈데이** Crypto Giving Tuesday를 런칭하였다. 2024년에는 크립토기빙 튜스데이를 통해 2,000개 이상의 비영리 단체가 지원을 받게 된다. 이 캠페인에 참여하는 크립토 자산가는 암호화폐를 후원하고 싶은 단체를 지정하여 직접 기부할 수 있다. 기빙블록은 현재 후원자 10,000명을 목표로 진행하고 있으며, 모금뿐만 아니라 암호화폐의 자선적 순기능을 알리는 수단으로 이 캠페인을 활용하고 있다.

- **크립토 기부 서약**

크립토 기부 서약Crypto Giving Pledge은 매년 암호화폐 보유액의 1% 이상을 자선 단체에 기부하겠다고 약속하는 캠페인이다. 비영리 조직의 고액 기부자 모임, 기부 클럽, 소사이어티 등과 유사하다. 이 캠페인의 목적은 암호화폐 자선 활동을 통해 사회에 긍정적인 영향을 미치려는 개인과 기업의 커뮤니티를 구축하는 것이다. 해당 캠페인 가입은 암호화폐 자산가, 기업 등 누구에게나 열려 있다. 현재 암호화폐 리더, 기업가, 운동 선수 등 유명인이 서약하고 있지만, 암호화폐를 통해 세상을 더 나은 방향으로 바꾸고 싶은 사람이라면 누구나 참여할 수 있다.

- **크립토 기부자조언기금**Crypto DAF

기부자조언기금은 기부자가 자선단체에 기부한 후에도 기부금의 운용과 배분에 대해 조언할 수 있는 권한을 가지는 기부 프로그램이다. 비트코인 또는 이더리움을 보유한 자산가를 대상으로 기부자조언기금 설정 전문가의 자문은 물론 개별 맞춤형 컨설팅도 진행하고 있다. 또한 암호화폐를 보유하지 않은 기존 기부자조언기금이 자선 수혜자에 대한 보조금 지급을 실행하는 데 도움을 주고 있다.

제6부

블록체인 기술과 비영리의 미래

15장

새로움을 선도하는 열린 태도

새로운 모금 방법

우리는 대격변의 시기를 살고 있다. 그 누구도 예상하지 못했던 팬데믹을 거치면서 그동안 해결해 왔던 사회적 문제는 다시 커졌다. 그 어떤 때보다 가뭄과 홍수, 화재, 지진 등 인도적 지원이 필요한 상황에 자주 직면하고 있고, 21세기에도 우크라이나-러시아 전쟁, 미얀마 및 아프가니스탄 내전 등의 분쟁을 목도하고 있으며 그 여파가 우리의 삶에도 영향을 주고 있다. 이러한 흐름 속에서 국가들의 재정 정책 재조정으로 **지속가능개발목표**SDGs 달성을 위한 재원은 부족해졌고 기존 사회 문제의 복잡성과 새로운 사회 문제의 규모는 더욱 커졌다.

이런 상황에서 사회 안팎의 이슈에 매우 민감하게 반응하는 비영리 섹터는 가장 깊이 고심에 빠질 수밖에 없다. 왜냐면 해결해야 할 사회 문제들은 불거지는데 비영리 단체 간 유사한 사업 테마, 모금 캠페인, 동일한 모금 채널, 새로운 기부자들의 유입이 둔화된 모금 시장 같은 상황 속에서 기존 모금 방식에 가해지는 비용 압력은 계속해서 증가되기 때문이다. 그렇다면 상황에서 모금가들은 어떻게 해야 하는가? 기존의 모금 방법을 고수하면서 갈수록 높아지는 모금 목표를 달성하기 위해 허우적댈 것이 아니라면 새로운 관점의 전환으로 새로운 모금 기회를 찾아야 한다.

관점의 전환 그리고 기회 탐색

새천년개발목표^{MDGs}를 출발해 SDGs를 지나 팬데믹을 거치면서 복잡해지고 거대해지는 사회 문제에 빠르게 대응하기 위한 새롭고 혁신적인 재원 확보 필요성이 강조되고 있다. 다행히 전 세계 자본 시장이 성장하는 가운데 한국을 비롯한 글로벌 사회 임팩트 생태계 역시 꾸준히 성장하고 있다.

국제기구, 개발 금융 기관들은 개도국의 인프라 확대를 위해서는 협력이 중요함을 깨닫고 민간의 참여와 역할을 확대하고 있다. 이에 따라 개발 금융 기관은 정부가 주도하는 전통적인 유·무상 원조에서 벗어나 민간이 주도하는 지분 투자, 보증, 대출 등의 형태로 혁신 금융 기술을 채택하여 수익성을 확보하는 동시에 리스크를 완화하는 전략을 펼치고 있다. 기업은 기후 위기, 지역 사회 포용 등을 강조하는 ESG 경영 전략을 수립하는 한편 ESG 기반 비즈니스 모델에 대한 투자를 확대하고 있다. 소비자는 기업의 지속 가능성 추구 여부에 관심이 높다. 정부는 ESG 관련 분류 체계를 세분화하고 저탄소 경제 전환 정책을 펼치고 있다.

- 글로벌 자본 시장 속 혼합 금융, ESG 펀드, 임팩트 펀드 등 혁신적 금융의 비약적 성장
- SDGs 달성 위해 빠르게 활용할 필요성 높아짐
- 대안적 재원 조달 기회의 발견

사회 임팩트 생태계 활성화가 곧 새로운 재원이자 기회이다. 이들의 등장과 기회는 이렇게 많이 펼쳐져 있지만 비영리 단체는 어떻게 대응하고 있을까? 기존 모금 채널에서 불특정 다수의 정기 후원을 발굴하고 비지정성 기금을 확보하는 것도 유용한 전략이다. 새로운 기회에 접근하기에는 우리 부문과 무관한 영역일지도 모르기 때문이다. **기존의 틀**을 벗어나 **새로운 관점**을 가질 때 기존과 다른 흐름 가운데 기회가 보이고, 그 중에서 새로운 재원도 찾을 수 있으며, 이 재원을 가지고 미래를 만들어 갈 수 있다. 조직의 관료주의에 안주하거나 좌절해서는 안 된다. 거대한 자본에 대한 냉담한 태도에 갇혀서도 안 된다. 큰 문제를 해결하려면 대규모 자본이 필요하다. 우리가 생각과 관점을 바꾸면 모금의 방향도 기회도 개발할 수 있다.

모금가들은 금융을 꾸준히 학습해야 한다. 돈이 어떻게 흘러 어디로 모이는지를 살펴보면서, 우리 조직이 추구하는 사회 문제 해결 방법에 재원을 어떻게 접목하고 활용할 것인지에 집중해야 한다. 또한 모금가들은 새로운 재원 확보를 위해 조직 내부를 설득하여 전략적인 사업 구조 변화를 이끌어내는 동기가 무엇인지를 잘 파악해야 한다. 이런 활동은 모금가들이 단순히 기부를 요청하는 데에서 벗어나 사회 변화의 주도적인 역할을 하기 위해 조직의 지원을 요구해야만 가능할 것이다.

돈의 흐름과 방향 외에 모금가가 또 주목해야 할 것은 **새로운 디지털**

자산의 등장이다. 전통적 화폐 범위 외에 새로운 자산과 화폐 출현에 관심을 가져야 한다는 것인데, 기존 기부결제시스템에 결제 대상으로 현금, 카드결제, 각종 페이 시스템을 붙이는 그 이상의 **새로운 모금 기회를** 잡을 수 있다는 것을 의미하기 때문이다. 투자 수단을 모색하는 고액 자산가들의 관심은 전통적인 자산에 머물지 않고 새로운 자산으로 계속 이동해 왔으며, 이제는 암호화폐, NFT 등 가상자산으로 향하고 있다. 모금가는 자산가들이 관심을 갖는 자산과 그 변화를 잘 살펴봐야 하며, 디지털 자산이 등장한 사회적 배경에도 관심을 기울여야 한다. 결국 새로운 모금 방법은 곧 돈이 모이는 곳에서 발견할 수 있다. 앞서 설명한 바와 같이 새로운 디지털 자산은 더 이상 새롭기만 하지 않으며, 이미 신뢰할 수 있는 투자자산으로서 제도권 내에 진입한 지 오래다. 이제는 전통 화폐뿐만 아니라 디지털 화폐의 관심과 함께 이를 모금 플랫폼 결제시스템에 어떻게 적용하고 모금을 접근할지 준비에 들어가야 할 것이다.

기술 기반 임팩트 증대와 투자 확대

혁신적인 디지털 기술들이 농업, 교육, 보건, 소액 금융, 아동 학대 추적 시스템 등의 분야에서 자선 사업과의 결합 가능성을 다양하게 테스트하고 있다. 앞으로 직면하게 될 문제의 범위와 변화의 방향을 고려한다면 바로 지금이 비영리의 사업 방향과 일하는 방식의 변화를 고민할 중요한 시기임을 직감할 수 있을 것이다.

- 임팩트 확대에 새로운 디지털 기술 기반 활용할 잠재력 인식

- 새로운 사업 방식과 파트너십 구축 필요
- 에듀테크^{EduTech}, 디지헬스^{DigiHealth}, 에코테크^{EcoTech}, 애그테크^{AgTech}, 푸드테크^{FoodTech}, 에너지 등

사업이 추구하는 임팩트를 빠르게 내기 위해 기술을 활용하게 된다면 국내뿐만 아니라 국제적으로 조성된 인프라 투자 기금, 지역 사회 소득 증대 기반 사업을 위한 대출, 금융 접근성 강화 등의 기금들과 민간 재원을 추가하여 확보하는 기회도 함께 따라온다.

그래서, 모금의 미래를 위해 행동하다

미래라는 단어에는 설렘과 두려움이 모두 내포되어 있다. 어쩌면 손에 잡히지 않는 허상 같다. 하지만 미래를 상상하다 보면 뭔가 기대감을 갖고 준비하게 하는 용기를 주는데, 이런 상상과 기대는 현재를 사는 우리를 새롭게 생각하고 행동하게 한다. 그렇다면 어떻게 미래를 상상하고 그려 볼 수 있을까?

사실 우리는 현재와 같은 비영리 조직의 문화와 시스템 안에서 새로운 모금 채널과 방법 등을 강구하게 된다. 하지만 이런 기존의 모금 시스템 틀은 **국내에서 동일한 모금 채널을 기준으로 동일한 비영리 생태계 안에서 동일한 성장세를 추측하는 시나리오를 기준으로 반복될 뿐이라 결국 해답도 반복된다.** 지금은 획기적인 모금을 위한 새로운 시스템의 구축은 이러한 틀을 깨는 것부터라고 우리 모두가 암묵적으로 느끼고 있다. 그렇기에 새로움을 추구하는 모금가들에게 미래를 다시 생각하기를 제안한다.

먼저 가능성 있는 대안적 미래에 대해 우리 모두가 열려 있어야 한다. 지금 펼쳐지는 새롭고 혁신적인 변화 사례를 비영리 현장에 어떻게 접목할 수 있는지 고민해야 한다. 비영리 분야는 사회문제 해결 생태계에서 함께 호흡하는 이해관계자들의 새로운 변화 시도 사례를 지속적으로 살피고 접근해야 한다. 새로운 기술과 아이디어를 추구하는 스터디 모임, 연구조직, 포럼 등에 적극적으로 참여해야 한다. 또한 우리가 상상하고 예측하는 미래에 조직 내·외부 이해관계자들이 참여하도록 타당한 근거와 이유를 들어 설득해야 한다. 왜냐하면 누구나 변화를 환영하거나 쉽게 받아들이지 않기 때문이다. 또 누구는 이유 없는 반대를 할 수도 있다. 이러한 분위기 속에서도 미래를 지향하려는 조직 내부 구성원이라면 누구든 정서적 에너지를 유지하는 것이 변화의 시작일지도 모른다. 새로운 비영리의 미래는 조직 전반에 걸쳐 영향을 막대하게 줄 것이기에, 정책적 결정이나 전략 기획을 하는 모든 사람들과 함께 새로움을 만드는 시스템을 구축함에 있어 어떤 허들이 있을지 확인하고 현재를 돌아보아야 한다. 그래야 지금 부족한 게 무엇인지, 긍정적인 미래와 시스템을 만들기 위해 무엇을 해야 할지 알아낼 수 있다. 그리고 이를 위해 조직 내 활동가들 모두 함께 실행하고 행동하는 것은 당연한 것이다.

요약과 결론

일로서 접한 암호화폐를 이해하고 모금 전략을 수립하기까지 쉽지는 않은 과정이었다. 사실 모든 새로운 일들을 시작할 때 불확실한 상황에서의 두려움과 불안, 설레임 등 유사한 감정을 경험하게 되는 것 같다. 앞으로 가상자산 모금 전략 수립을 해야 할 모금가이자 담당 리더로서, 여러분은 어려우면 어려운 대로 익숙하면 익숙한 대로 일을 해야 할 것이다. 모금가로서 새로운 재원을 확보하고 개발하는 과정이 쉽지는 않겠지만, 함께 고민하는 비영리 모금 동료들과 조직이 있다면 그러한 부담을 더는 데 도움이 될 것이다.

새로운 모금 전략을 수립하거나 도전할 때 기본적인 학습 과정은 매우 중요하다. 아는 만큼 시도하고 확장할 수 있기 때문이다. 뿐만 아니라 개인과 조직 모두에게 성장하는 기회가 된다. 반대로 시도하지 않은 결과는 자신은 물론 조직의 몰락을 자초했다는 역사적 사실을 확인할 수 있다. 누구에게나 변화와 위험 상황에서는 **두려움**을 가져다준다. 그 두려움은 사람을 위축시키고 선택을 주저하게 만든다. 선택은 두 가지다. 변화라는 단어에 내포돼 있는 두려움에 굴복해 변화를 포기하고 현상 유지의 **안온함**에 안주하는 것, 아니면 도전 정신으로 변화를 시도하는 것.

새로운 기술이 자리잡으며 새로운 솔루션들이 등장했다. 여러분 조직의 정체성에 맞는 솔루션 기술은 무엇인지 검토하고 접목해 보는 시도가 필요하다. 모금 시장의 성장세 둔화 속에서 혁신성을 기반으로 한 기부자와의 협업 기회가 늘어나고 이를 통해 확보되는 모금액의 성장세가 가파르기 때문이다. 국제기구들도 **공적개발원조**[ODA] 기금을 마련하는 데 민간 재원 확보를 우선하고 있는데, 이 사실을 염두에 두고 기존 모금전략에 전략적으로 활용하는 것이 시급하다.

이러한 새로운 재원의 출현과 기술 접목은 한정된 비영리 조직 자원 활용의 효율성을 가져올 수 있다. 예를 들면 기술이 접목되는 국내외 사업 프로그램은 사업 기간을 단축할 수 있으며, 지속 가능한 사회 문제 해결에 기여할 수도 있다.

많은 모금가들과 비영리 단체의 존재 이유인 사회 문제 해결을 위해 다양한 방법을 끊임없이 모금가들이 시도하기를 기대한다. 그 여정이 누군가는 매우 어렵다고 할 것이다. 불확실하니 반대할 것이다. 두렵다며 여러분의 옷자락을 붙자고 늘어질 수도 있다. 하지만 내가 직접 가보지 않으면 알 수 없다. 어떤 사회 문제를 직면했더라도 비영리 활동가들은 낄끼빠빠를 따지면서 주저하면 안 된다. 누구든 의견을 이야기하고 나서서 함께 고민해야 한다.

어쩌면 이 책이 다루는 블록체인이나 암호화폐 등 최신의 다양한 기술은, 비영리 단체가 사회 문제를 해결하기 위해 활용하는 다양한 도구 중 일부분에 불과할 뿐이다. 사회 변화와 이슈 해결의 시작점은 바로 사람이다. 이 책이 어두운 긴 터널을 걸어가는 모금가들, 기획자들에게 또는 비영리 단체의 모금에 조금이나마 도움이 되기를 바란다.